Passe na OAB e Comece a Advogar:
RESPONSABILIDADE CIVIL

Lincoln Biela de Souza Vale Jr.

Advogado e professor universitário nas cadeiras de Direito Civil e Ética Profissional na UNINOVE. Mestre em Direito pela UNIMES. Pós-graduado lato sensu em Responsabilidade Civil Pela FAAP e em Direito Processual Civil pelo Mackenzie. Foi presidente da Comissão de Ensino Jurídico da OAB/ Guarulhos 2009, é membro efetivo da Comissão de Assessores da Presidência da OAB Subseção Guarulhos e Membro efetivo da Comissão da Criança e Adolescente da OAB/SP. Autor do livro Estatuto da Advocacia e a Ética do Profissional: preparando-se para o Exame de Ordem, 2ª *edição publicada pela LTr. Atualizador da Coleção Curso Moderno de Direito Civil e dos volumes de Direito Civil Simplificado — Parte Geral; Obrigações e Contratos do autor Nelson Godoy Bassil Dower, todos publicados pela editora Nelpa. Contato com o autor: lincoln.biela@yahoo.com.br.*

Passe na OAB e Comece a Advogar:

RESPONSABILIDADE CIVIL

De acordo com os Enunciados do CJF e jurisprudência

LTr®

EDITORA LTDA.

Rua Jaguaribe, 571
CEP 01224-001
São Paulo, SP — Brasil
Fone (11) 2167-1101
www.ltr.com.br

Produção Gráfica e Editoração Eletrônica: R. P. TIEZZI
Projeto de Capa: FABIO GIGLIO
Impressão: PIMENTA GRÁFICA E EDITORA
LTr 4745.0
Fevereiro, 2013

Dados Internacionais de Catalogação na Publicação (CIP)
(Câmara Brasileira do Livro, SP, Brasil)

Vale Junior, Lincoln Biela de Souza

Passe na OAB e comece a advogar : responsabilidade civil de acordo com os enunciados do CJF e jurisprudência / Lincoln Biela de Souza Vale Junior. — São Paulo : LTr, 2013.

Bibliografia

ISBN 978-85-361-2474-2

1. Responsabilidade (Direito) — Brasil 2. Ordem dos Advogados do Brasil — Exames, questões etc.I. Título.

12-15287 CDU-347.51(81)(079.1)

Índice para catálogo sistemático:

1. Responsabilidade civil : Exame de Ordem : Ordem dos Advogados do Brasil : Direito 347.51(81)(079.1)

Este livro é dedicado
aos meus pais Lincoln e Shirley Biela.
Papai, te amo em todas as vidas.
Que lição de vida, meu eterno menino, saudades!
Mamãe, guerreira incansável, amo-te em todas as vidas.
À memória dos meus avós Francisco dos Santos e
Joana Pascuala Moyano dos Santos, que cumpriram
efetivamente a missão de vovô e vovó.

AGRADECIMENTOS

Não poderia deixar de manifestar meu sentimento de gratidão e render minhas homenagens a todos aqueles que direta ou indiretamente contribuíram para a edição deste. São eles: Prof. Dr. Carlos Eduardo de Abreu Boucault, Reitor Eduardo Storópoli, Profa. Cristina Storópoli e Prof. Sergio Braga (obrigado pela oportunidade acadêmica), Prof. Dr. Celso Antonio Pacheco Fiorillo (pelas magníficas aulas de Direito Ambiental), Prof. Ricardo Cabezón (pela confiança), Dr. Airton Trevisan e Dr. Fábio de Souza Santos (pelo acolhimento na 57ª Subseção), Prof. Eduardo Veríssimo Inocente e Prof. Sérgio Henrique Ferreira (queridos amigos), Prof. Jackson Passos (pela generosidade, apoio e confiança), Prof. Leandro Lima (pelo apoio no Curso de Ética), Prof. Sérgio Tadeu Pupo e Profa. Tatiana Gimenes — mãe da Isadora (pela força e consideração, um beijo especial para a Isadora), Profs. Francisco Fernandes e Roberto Krunfly (pela experiência transmitida por meio das nossas conversas na praça de alimentação), Prof. Edison Ferreira Pinto e Profa. Helena Marques (os primeiros a me recepcionar na minha primeira aula), Profs. Denise Furrier e Gilson Ferreira (lembro-me da primeira banca que participei com vocês, aprendi muito), Profa. Rosangela Barbosa (por sua sensibilidade e comprometimento), Profs. William Sanches e Prof. Francisco Ricardo (vocês são muito divertidos), Profa. Irley Correia (pela indicação), Profa. Ana Paula Pettá e Profa. Fernanda Scane (pela solidariedade), Prof. Dr. Anis Kfouri Jr e Viviane Emy Mendes (pela consideração e apoio), Prof. Wilson Ligiera (grande estudioso da Responsabilidade Médica, obrigado pelo estímulo e incentivo), Chaime e Igordinho (pela atenção, carinho, séries e impressão), Duda e Shirley, mãe do Augusto (exemplo de amor no coração), minha amiga do Mestrado Marisa Medeiros Santos, Dra. Ivone Quinalha (pelos cuidados), os médicos Drs. Miguel Nassif, Antônio Zambom e Alice de Campos (pela competência e humanidade no tratamento do meu pai), Sérgio Laurentiff Rodrigues e Diná (Saraiva), Maurício Muniz (Atlas) e a Sra. Beatriz de Lourdes (LTr) (obrigado pelo apoio), minha tia Profa. Sônia Biella de Souza Valle, meu tio Prof. Aderbaldo Biella de Souza Valle e meus primos Ricson e Adriana Mota (pela força no momento mais difícil da minha vida), tio Prof. Dr. Luiz Biella de Souza Valle (pelas visitas, apoio e força na doença do meu pai), meus queridos e amados primos do Jaçanã, Mirian e Ivan, Marcello Zerei, Renato Barrella,

Vanessa e Reynaldo (exemplo de família unida, é assim que tem que ser!), estendendo o carinho aos sobrinhos do tio Lincão agora só ficou o tio Bielinha) um beijo na alma e no coração da Mariana, do Vinícius e da Giovanna.

À vovó Esterina que, aos 98 anos, teve força para desencarnar treze dias antes do desencarne de seu filho Lincoln Biela, meu pai, para recepcioná-lo. Obrigado, vovó, saudades das nossas conversas, grandes lições de vida.

Agradeço, ainda, a todo o Corpo Diretivo e Docente da Uninove, bem como a todos os meus alunos, especialmente aos quinto anistas.

SUMÁRIO

Capítulo III
Responsabilidade Civil Objetiva e Atividade de Risco

Capítulo IV
Nexo de Causalidade

Capítulo V
O Dano

Capítulo VI
Responsabilidade pelo Fato de Outrem

Capítulo VII
Responsabilidade pelo Fato da Coisa

Capítulo VIII
Liquidação do Dano

Capítulo IX
Responsabilidade do Estado

Capítulo X
Responsabilidade no Código de Defesa do Consumidor

Capítulo XI
Responsabilidade Civil no Transporte

Capítulo XII
Responsabilidade dos Proprietários, Usuários e Encarregados da Guarda de Veículos

Capítulo XIII
Responsabilidade do Advogado

Capítulo XIV
Reponsabilidade civil por Violação de Direitos Autorais

Capítulo XV
Reponsabilidade nas Relações de Família

Filho meu, ouve a instrução de teu pai, e não deixes o
ensinamento de tua mãe. (Provérbios 1:8)
Filho meu, guarda o mandamento de teu pai, e não deixes a lei
da tua mãe. (Provérbios 6:20)
Honra a teu pai e a tua mãe, como o Senhor teu Deus te
ordenou, para que se prolonguem os teus dias, e para que te vá
bem na terra que te dá o Senhor teu Deus. (Deuteronômio 5:16)

PREFÁCIO

A vida em sociedade requer obediência a certos preceitos de convivência. Somente assim é possível viver pacificamente. Dentre tais normas de convivência, encontra-se o dever jurídico de não lesar a ninguém (*neminem laedere*). Esse dever social, elementar à própria ordem jurídica, impõe, em princípio, que uma pessoa não deve causar dano a outra.

Devemos respeitar os direitos alheios, a fim de que os nossos próprios também sejam respeitados pelas outras pessoas. Por isso, é essencial que evitemos, ao máximo, prejudicar uns aos outros.

Entretanto, por causa da constante luta pela sobrevivência, os seres humanos acabam gerando danos uns aos outros. E sempre que isso ocorre, surge a necessidade de reparação.

O direito exerce importante papel nesse processo de reparação, cabendo-lhe preservar ou restabelecer o equilíbrio pessoal e a harmonia social. Diante desse contexto, o estudo da responsabilidade civil assume papel cada vez mais relevante.

A consideração dos diversos aspectos da responsabilidade civil envolve uma certa complexidade. Em virtude de sua vastidão, a responsabilidade civil ultrapassa os limites da legislação codificada, para atingir a seara doutrinária e jurisprudencial, de onde retira muitos de seus elementos. Daí a necessidade do estudo e pesquisa constantes.

Além da constância com que nos deparamos com as questões relativas ao dever de indenização no dia a dia, o tema é também objeto frequente de provas e concursos. Em qualquer exame em que se exija do candidato algum conhecimento jurídico estão presentes questões relacionadas à responsabilidade civil.

Aos doutrinadores é dado o papel de sistematizar as mais diversas e complexas teorias, procurando fornecer aos estudiosos do direito a melhor compreensão da matéria, visando a sua aplicação prática.

Nesse cenário, que se nos apresenta, é de indiscutível valor a obra ora trazida a lume pela editora LTr, fruto do trabalho de pesquisa do Professor Biela Jr.

Conheci o Professor Biela na Universidade Nove de Julho, onde dividimos, com outros colegas, a cadeira de Direito Civil. Seu zelo e empenho logo me chamaram a atenção. Professor dedicado, estudioso constante, advogado competente, investigador assíduo das teorias jurídicas da responsabilidade civil. Seu desejo de facilitar a compreensão dos alunos e de favorecer o pleno entendimento da matéria aos estudantes de direito motivou-o a produzir o texto que agora é publicado como livro, intitulado *Passe na OAB e comece a advogar:* Responsabilidade Civil.

O Professor Biela, neste trabalho, enfrenta com altivez e sucesso o grandioso desafio de sintetizar os temas mais relevantes do estudo da responsabilidade civil, fornecendo ao leitor uma excelente visão geral da matéria. Mas não se contenta o grande mestre com o mínimo, buscando subsídios jurisprudenciais que enriquecem seu texto e permitem aos alunos conhecerem os novos rumos da jurisprudência nessa tão relevante área do direito.

Trata-se de excelente material de estudo para graduandos e concursandos, no qual o autor resume os tópicos essenciais da doutrina da responsabilidade civil, complementando a coleção publicada pelo jurista Nelson Godoy Bassil Dower, da qual o Professor Biela é também atualizador.

Autor de várias obras, dentre as quais se destaca *O Estatuto da Advocacia e a Ética Profissional*, manual prático e didático que prepara o graduado para enfrentar com sucesso o Exame da Ordem dos Advogados do Brasil, na sua segunda edição, pela LTr Editora, o Professor Biela utilizou a mesma arte de ensino para produzir o presente livro.

Filho do saudoso advogado Dr. Lincoln Biela de Souza Vale, que honrou a advocacia paulista por quase meio século, o Professor Biela segue os passos de seu pai. Mestre em Direitos Difusos e Coletivos pela Unimes, Pós-graduado *lato sensu* em Responsabilidade Civil Pela FAAP e em Direito Processual Civil pelo Mackenzie, Ex-Presidente da Comissão de Ensino Jurídico da OAB/Guarulhos, Membro efetivo da Comissão de Assessores da Presidência da OAB Subseção Guarulhos e Membro efetivo, junto comigo, da Comissão da Criança e Adolescente da OAB/SP, o Professor Biela é também um respeitado advogado.

Foi com grata surpresa que recebi o convite do Professor Biela para prefaciar este trabalho. Embora pudesse ter chamado um dos grandes nomes da responsabilidade civil da atualidade, certamente ele preferiu valorizar nossa amizade, o que me traz grande satisfação e alegria, por confirmar nossos laços de coleguismo, apoio, consideração e respeito recíprocos.

Detentor de uma postura ética nem sempre presente no mundo hodierno, o Professor Biela é merecedor da minha mais completa admiração. Estou certo de que ele ainda alcançará muitas outras vitórias e continuará contribuindo enormemente para o estudo do Direito Civil.

Wilson Ricardo Ligiera
Advogado, Professor e Mestre em Direito Civil pela Universidade de São Paulo. Autor do livro Responsabilidade médica, publicado pela Editora Nelpa.

CAPÍTULO I

CONSIDERAÇÕES INICIAIS

1. *OBRIGAÇÃO VS. RESPONSABILIDADE*

Segundo Gonçalves[1], obrigação é o vínculo jurídico que confere ao credor o direito de exigir do devedor o cumprimento de determinada prestação. Já a responsabilidade surge do descumprimento de uma obrigação contratual ou de um dever legal (extracontratual), como, por exemplo, a violação dos arts. 186 c/c e 927 do Código Civil, ou seja, aquele que por ação ou omissão causar dano a outrem fica obrigado a repará-lo.

Pontua Cavalieri Filho[2] que a responsabilidade civil é um dever jurídico sucessivo que surge para recompor o dano decorrente da violação de um dever jurídico originário, ou seja, a obrigação.

Atente-se, assim, para a leitura do art. 389 do Código Civil, *verbis*: "Não cumprida a obrigação, responde o devedor por perdas e danos...". No mesmo sentido, o art. 927 do mesmo Código imputa a obrigação de indenizar (a responsabilidade), de natureza jurídica legal, decorrente da violação de um dever legal, *neminem laedere* — não lesar ninguém.

2. *IMPORTÂNCIA DO TEMA*

Inicialmente, cumpre observarmos que muitos dos processos que tramitam na justiça discutem alguma modalidade de responsabilidade cuja finalidade principal

(1) *Direito civil brasileiro*. 4. ed. São Paulo: Saraiva, 2009. v. IV, p. 2.

(2) *Programa de responsabilidade civil*. 7. ed. São Paulo: Atlas, 2007. p. 2.

é a reparação do dano, seja ele material, moral, direto, indireto, estético, individual ou coletivo. Portanto, a importância do estudo do tema decorre da interdisciplinaridade da matéria, pois esta não se restringe somente ao direito civil, mas, sim, a praticamente todos os outros ramos do Direito, afetando todos os domínios da vida humana.

Neste sentido, a tendência é de não deixar a(s) vítima(s) sem ressarcimento pelos danos sofridos. Assim, quem causa dano a outrem deve reparar a fim de se manter o equilíbrio social.

3. *Brevíssimo escorço histórico*

A reparação do dano nos primórdios da humanidade pautava-se pela força, sendo que o mais forte impunha sua vontade por meio da submissão do mais fraco, regime este denominado de sistema da autotutela.

De acordo com a doutrina do professor Thomas Marky[3], "no período primitivo não havia limitação quanto à represália do ofendido. Ficava a seu livre-arbítrio o exercício da vingança, sua forma e extensão", porém, havia a possibilidade dele deixar de se vingar estabelecendo condições para a possibilidade de um acordo, mediante o qual o ofendido aceitava uma compensação de valor pecuniário (*compositio*) no lugar de aplicar sua vingança.

Note-se, como bem lembrado pelo autor citado acima, que no início tal composição entre as partes dependia exclusivamente do arbítrio do ofendido em aceitar ou não a compensação, bem como a fixação do seu montante. Mas com o fortalecimento do Estado, restringiu-se o arbítrio no exercício da vingança e estabeleceram-se novas condições para tal exercício: só era possível em caso de flagrante delito, e foram fixados os limites para a represália, ou seja, aplicava-se a Lei de Talião (olho por olho) ou a compensação obrigatória.

A reparação do dano foi aperfeiçoada com os romanos por meio da *Lex Aquilia de Damnum*, a qual estabeleceu as bases da responsabilidade civil extracontratual, ou seja, substituiu as multas fixas por uma pena proporcional ao dano causado. Nesse sentido é a posição do legislador civil, que no art. 944 dispõe que a indenização é medida pela extensão do dano.

No Brasil, ensina Gonçalves[4], que numa primeira fase a reparação era condicionada à condenação criminal, somente depois é que foi adotado o princípio da independência da jurisdição civil e da criminal. O Código Civil de 1916, filiado à teoria subjetiva (art. 159), exigia a prova da culpa *lato sensu* e não reconhecia o dano moral, já o Código Civil adequado à nova realidade social mantém o princípio

(3) *Curso elementar de direito romano*, p. 134.

(4) *Op. cit.*, p. 9-11.

da responsabilidade com base na culpa nos arts. 186 c/c 927 *caput*, mas reconhece a teoria do risco decorrente de atividades perigosas no parágrafo único do art. 927, seja nos casos especificados em lei (p. ex. CDC) ou quando a atividade desenvolvida pelo autor do dano implicar, por sua natureza, risco para os direitos de outrem.

Portanto, não é possível afirmarmos que somente haverá responsabilidade, ou seja, a obrigação de indenizar se estiver presente o pressuposto da culpa.

CAPÍTULO II

NOÇÕES GERAIS
ESPÉCIES DE RESPONSABILIDADE

1. *RESPONSABILIDADE CIVIL E PENAL*

O ilícito civil é mais abrangente que o penal, uma vez que, o ato ilícito é aquele causado por ação ou omissão, negligência ou imprudência, causando dano a outrem. Já o ilícito penal é aquele contrário às leis penais, sendo importante observar que não há crime sem lei anterior que o defina e pena sem prévia cominação legal (CP, art. 1º).

> CC, art. 935. *A responsabilidade civil é independente da criminal,* não se podendo questionar mais sobre a existência do fato, ou sobre quem seja o seu autor, quando estas questões se acharem decididas no juízo criminal.

> CPP, art. 65. *Faz coisa julgada no cível a sentença penal* que reconhecer ter sido o ato praticado em estado de necessidade, em legítima defesa, em estrito cumprimento de dever legal ou no exercício regular de direito. (g. n.)

Assim, segundo Leonardo de Faria Beraldo(5), a proteção em sede penal não é igual à da esfera civil, podendo muito bem uma pessoa ser absolvida em um julgamento criminal e, em decorrência do mesmo fato, ser condenada no juízo civil.

O art. 386 do Código de Processo Penal prevê **as hipóteses em que a sentença absolutória criminal não faz coisa julgada no cível**, são elas:

I — estar provada a inexistência do fato;

II — não haver prova da existência do fato;

---

(5) *Direito civil:* responsabilidade civil. São Paulo: RT, 2008. v. 5, p. 72.

III — não constituir o fato infração penal;

IV — estar provado que o réu não concorreu para a infração penal;

V — não existir prova de ter o réu concorrido para a infração penal;

VI — existirem circunstâncias que excluam o crime (legítima defesa putativa e de terceiro não excluem o dever de indenizar) ou isentem o réu de pena ou mesmo se houver fundada dúvida sobre sua existência;

VII — não existir prova suficiente para a condenação.

1.1. Principais distinções

a) Quanto à norma.

- Penal. Na responsabilidade penal, o agente atinge norma penal, de Direito Público, lesando o *interesse da sociedade.*

- Civil. Na responsabilidade civil, o *interesse diretamente atingido é o Privado.*

b) Quanto ao alcance da responsabilidade.

- Penal. A responsabilidade penal é PESSOAL e INTRANSFERÍVEL. Responde o réu com a privação da liberdade. A sanção não ultrapassa a pessoa do delinquente.

- Civil. A responsabilidade civil é PATRIMONIAL, é o patrimônio do devedor que responde por suas obrigações. Ninguém pode ser preso por dívida civil, salvo o depositário infiel e devedor de pensão alimentícia. A sanção pode ultrapassar a pessoa do causador do dano, por exemplo, os pais que respondem por atos lesivos dos filhos.

c) Imputabilidade.

- Penal. Somente MAIORES de 18 anos são responsáveis criminalmente, pois menores cometem atos infracionais regidos pelo ECA.

- Civil. O **incapaz responde** pelos prejuízos que causar (CC, art. 928 *caput*).

d) Tipicidade.

- Penal. Não há crime sem lei anterior que o defina, não há pena sem prévia cominação legal. Deve existir uma previsão específica do fato como crime.

- Civil. *Qualquer ação ou omissão* pode gerar a responsabilidade, desde que viole direito ou cause prejuízo a outrem.

2. *Responsabilidade contratual e extracontratual*

O Código Civil distinguiu as duas espécies de responsabilidade. Foi, portanto, acolhida a TEORIA DUALISTA, ou seja, disciplinando a responsabilidade Extracontratual nos arts. 186 e 187, sob o título *Dos Atos Ilícitos*, e a Contratual, como consequência da Inexecução das Obrigações nos arts. 389 e ss.

2.1. Principais distinções

a) Ônus da prova:

- Contratual. O inadimplemento presume-se culposo. O credor só **está obrigado a demonstrar que a prestação foi descumprida**.

- Extracontratual. O lesado **fica com a obrigação de provar a culpa** ou o dolo do causador do dano. Exemplo: Acidente de automóvel — a vítima fica obrigada a demonstrar a culpa do motorista.

b) Origem:

- Contratual. Tem origem no **acordo de vontades**.

- Extracontratual. Tem origem na **INOBSERVÂNCIA** do dever genérico de não lesar ninguém.

c) Quanto à capacidade das partes:

- Contratual. Somente pessoas **PLENAMENTE** capazes podem celebrar negócios jurídicos, sob pena de nulidade ou anulabilidade.

- Extracontratual. Os atos ilícitos **podem ser praticados por amentais** ou menores nos termos dos arts. 928 e 932, I e II.

3. *Responsabilidade subjetiva e objetiva*

3.1. Responsabilidade subjetiva

A responsabilidade civil subjetiva é a decorrente de dano causado em função de ato doloso ou culposo. A prova da culpa é essencial para que surja a obrigação de indenizar.

É subjetiva, pois depende do comportamento do agente. Essa culpa, por ter natureza civil, caracteriza-se quando o agente causar o dano agindo com negligência ou imprudência, segundo o art.186. Nesse caso, a obrigação de indenizar decorre da prática de um ato ilícito. Para a teoria subjetiva, não havendo culpa, não há responsabilidade. Portanto, a culpa é seu fundamento.

Portanto, o ser humano capaz deve responder por seus atos. Se houver um comportamento positivo (ação) ou negativo (omissão) que, desrespeitando a ordem jurídica, cause prejuízo a outrem, o agente deve arcar com as consequências, reparando o dano. Se a pessoa age negligente ou imprudentemente, mas não viola direito nem causa prejuízo a outrem, nada terá que indenizar.

O problema maior está em exigir do ofendido que prove haver, o causador do dano, agido com dolo ou culpa. A vítima deve provar ter o ofensor agido com culpa ou dolo. Se não lograr provar a culpa do causador do dano, é evidente que este não será responsabilizado.

Para gerar a responsabilidade extracontratual e o respectivo dever de indenizar, o ato ilícito há de ser revestido dos seguintes pressupostos:

a) que haja dolo ou culpa do agente ou do ofensor;

b) que exista um dano causado a outrem(6);

c) que haja uma relação de causalidade entre o dano causado e o fato imputável.

3.1.1. PRESSUPOSTOS DA RESPONSABILIDADE SUBJETIVA — EXTRACONTRATUAL

3.1.1.1. AÇÃO OU OMISSÃO

• AÇÃO. Trata-se de uma atitude ATIVA, um FAZER, em geral um ato doloso ou imprudente.

• OMISSÃO. Trata-se de uma atitude PASSIVA, um NÃO FAZER, em geral um ato negligente.

Nesse sentido exemplifica o saudoso jurista e professor Sílvio Rodrigues(7): o empresário do circo que esquece a porta da jaula dos leões aberta, permitindo que uma fera ataque os espectadores, pratica ato ilícito por omissão, pois não tomou as medidas de segurança que lhe cumpria tomar. A omissão só ocorre quando o agente, tendo o dever de agir de determinada maneira, deixa de fazê-lo.

---

(6) "O art. 5º, V e X, da CF, conferiu ao dano moral *status* constitucional, assegurando sua reparação quando do ato ilícito decorrer agravo à honra e à imagem ou violação à intimidade e à vida privada, sendo perfeitamente admissível sua cumulação com o dano material, uma vez que ambos têm pressupostos próprios, passando pelo arbítrio judicial tanto na sua aferição quanto na sua quantificação" (in RT 769/149).

(7) *Direito civil*: parte geral. São Paulo: Saraiva, 2004. v. 1, p. 310. É importante observar que tal conduta caracteriza a culpa *in custodiendo* descrita no art. 936 do Código Civil e que hoje é reconhecida como espécie de responsabilidade objetiva.

3.1.1.2. Dolo ou culpa

O dolo é a violação deliberada, intencional do dever jurídico. Consiste na vontade de cometer uma violação de direito, seja por ação ou por omissão — dolo negativo. Note-se que em sede de responsabilidade civil não se cogita da hipótese de dolo eventual tanto difundida em matéria penal.

No tocante à culpa, esta configura-se pela falta de diligência (cuidado) do homem e pode ser classificada em:

> **a) NEGLIGÊNCIA.** É a ausência de precaução (cuidado) ou indiferença em relação ao ato realizado. Citemos como exemplos os seguintes fatos: deixar arma de fogo ao fácil alcance de uma criança; pneus carecas, dentre as inúmeras situações passíveis de configuração da ausência de cuidados.
>
> **b) IMPRUDÊNCIA.** É a prática de um fato perigoso sem intenção de causar dano. A exemplo desta conduta positiva podemos citar as seguintes situações: dirigir veículo em rua movimentada em alta velocidade; fazer a curva em alta velocidade avançando na contramão; passar no farol vermelho.

A responsabilidade do motorista de um veículo automotor, ao imprimir-lhe velocidade, recai sobre as condições que deverá atender para manobrá-lo, se necessário for, evitando, assim, um acidente. Nas proximidades de áreas escolares, um automóvel não deverá trafegar a mais de trinta quilômetros horários, pois as crianças que por ali transitam são afoitas e despreocupadas, podendo, de um momento para outro, atravessar a rua. A velocidade a ser atendida não é aquela prevista pela municipalidade, mas, outrossim, aquela recomendada pelo bom senso, facilmente aferível por um pai e, principalmente, por uma mãe que conduza o seu automóvel[(8)].

> **c) IMPERÍCIA.** É a ausência de aptidão ou habilidade para o exercício de atividade técnico-profissional para a qual o agente encontra-se formalmente habilitado[(9)].

Segundo Cavalieri[(10)], "a imperícia decorre de falta de habilidade no exercício de atividade técnica, caso em que se exige, de regra, maior cuidado ou cautela do agente. Haverá imperícia do motorista que provoca acidente por falta de habilitação. O erro médico grosseiro também exemplifica a imperícia".

Responde pelo crime de lesões corporais culposas, em virtude de sua conduta negligente e imperita, o médico que, não adotando as cautelas necessárias e

---

(8) TAPR – AC 0179712-4 – (158008) – Curitiba – 1ª C. Cív. – Rel. Juiz Conv. J. J. Guimarães da Costa – DJPR 6.12.2002.

(9) GOMES, José Jairo. *Direito civil*. Belo Horizonte: Del Rey, 2006. p. 509.

(10) *Op. cit.*, p. 36.

utilizando de forma inadequada a aparelhagem, por ocasião de cirurgia plástica, ocasiona dano estético em paciente, restando configurado o nexo causal. Gerando a cirurgia plástica obrigação de resultado, tendo por fim corrigir imperfeição física, impõe-se ao profissional empenho em proporcionar o resultado pretendido, assim como o dever de informar o paciente dos riscos da intervenção cirúrgica, devendo abster-se até mesmo de realizá-la caso eles superem as vantagens almejadas[11].

A imperícia profissional praticada pelo dentista, adotando técnicas que impedem a boa higiene bucal e facilitam as inflamações das gengivas, implicam no dever de indenizar consagrado no art. 1.545 do Código Civil. A frustração do paciente, que procura o profissional para recuperação estética dos dentes e gengivas, deve ser indenizada[12].

3.1.1.3. Graus de culpa

• GRAVE. É aquela em que o agente atua de maneira incompatível com o comum dos homens. Exemplo: Pega de carro (racha); 200 km/h na Av. Paulista.

• LEVE. É a falta evitável com atenção ordinária. Exemplo: batida na traseira.

• LEVÍSSIMA. É a falta só evitável com atenção extraordinária ou com especial habilidade.

Observe-se que, no cível, a culpa, mesmo levíssima, obriga indenizar; seu grau irá implicar apenas na fixação do *quantum*.

3.1.1.4. Espécies de culpa

• *IN ELIGENDO*. Decorre da má escolha do representante, do preposto.

• *IN VIGILANDO*. Decorre da ausência de fiscalização.

• *IN CUSTODIENDO*. Decorre da falta de cuidado na guarda de algum animal ou de algum objeto.

Nas três espécies acima citadas, devemos esclarecer que referidas espécies caíram por terra com o advento do Código Civil de 2002, que as inclui nas hipóteses de responsabilidade objetiva nos termos do art. 932, I e III, combinado com o art. 933, bem como o art. 936, sendo tal classificação admitida apenas historicamente.

---

(11) TAMG — AP 0240650-6 — (16512) — Belo Horizonte — 2ª C.Crim. — Rel. Juiz Erony da Silva — J. 16.12.1997.

(12) TJRJ — AC 29565/2001 — (2001.001.29565) — 17ª C.Cív. — Rel. Des. Bernardo Garcez — J. 20.2.2002.

• *IN COMITTENDO.* Decorre de uma ação, de um ato positivo.

• *IN OMITTENDO.* Decorre de uma omissão, quando havia o dever de não se abster.

3.2. Responsabilidade objetiva

A lei impõe a certas pessoas, em determinadas situações, a reparação de um dano cometido mesmo sem culpa; é o caso da responsabilidade objetiva ou teoria do risco. Para estes casos, é preciso apenas o dano e o nexo causal, para tanto, não se exige prova da culpa do agente para que seja obrigado a indenizar.

De acordo com a teoria do risco, aquele que por sua atividade cria um risco de dano a terceiros deve ser obrigado a repará-lo, ainda que sua atividade e seu comportamento sejam isentos de culpa.

Note-se que o Código Civil adotou a teoria subjetiva como regra no art. 186, sem prejuízo da objetiva que aparece em vários dispositivos do Código, tais como no parágrafo único do art. 927, que será estudado no próximo capítulo, bem como nos arts. 929, 930, 936, 937, 938, dentre outros.

O abuso de direito é, também, considerado ato ilícito nos termos do art. 187 do Código Civil.

> Art. 187. Também comete ato ilícito o titular de um direito que, ao exercê-lo, excede manifestamente os limites impostos pelo seu fim econômico ou social, pela boa-fé ou pelos bons costumes.

Assim, aquele que abusa do direito regularmente reconhecido, invocando a autorização legal para atingir objetivo não tolerado pelo consenso social, cometerá ato ilícito por abuso de direito. Portanto, o exercício de um direito deve harmonizar-se com os valores sociais, éticos e econômicos, pois neste sentido é a orientação do CJF ao pontificar que "a cláusula geral do art. 187 do Código Civil tem fundamento constitucional nos princípios da solidariedade, devido processo legal e proteção da confiança e aplica-se a todos os ramos do direito"(13).

O Conselho de Justiça Federal tem nos orientado na interpretação deste artigo no sentido de que a responsabilidade civil decorrente do abuso de direito independe de culpa e fundamenta-se somente no critério objetivo finalístico(14), ou seja, responsabiliza-se o agente que causar dano, independentemente de se averiguar se este teve a intenção de lesar injustamente outra pessoa.

---

(13) Enunciado n. 414.

(14) CJF, Enunciado n. 38.

CAPÍTULO III

RESPONSABILIDADE CIVIL OBJETIVA E ATIVIDADE DE RISCO

1. *CONSIDERAÇÕES INICIAIS*

1.1. FATORES PARA A EVOLUÇÃO DA TEORIA DO RISCO

- Revolução Industrial — Acidentes de trabalho.
- Progresso Tecnológico — inventos — máquinas — veículos.
- Explosão Demográfica — caos no sistema de transporte.

Foi o Decreto n. 2.681/1912 que regulamentou a responsabilidade das empresas de transporte ferroviário à época, pois, no caso de acidentes de trens, sempre surgia a dificuldade e a indagação de como provar a culpa do transportador em acidente ocorrido há centenas de quilômetros de distância de casa no início do século XX.

Ora, encontramos a resposta na célebre frase de Canotilho: "Quem aufere os cômodos deve suportar os incômodos".

O Código Civil passou a admitir a responsabilidade objetiva expressamente no art. 927, parágrafo único, *verbis:*

> Haverá obrigação de reparar o dano, independentemente de culpa, nos casos especificados em lei, ou quando a atividade normalmente desenvolvida pelo autor do dano implicar, por sua natureza, risco para os direitos de outrem.

Note-se que a Teoria adotada pelo Código Civil é a SUBJETIVA, tratando-se exceção à regra a teoria da Responsabilidade Objetiva, sendo certo que as duas coexistem e podem ser identificadas quando a lei assim estabelecer ou, havendo omissão, em cada caso concreto, a partir do exame da conduta, da atividade e do resultado.

Caio Mário da Silva Pereira(15) salienta que "o surgimento da teoria do risco, em todos os estágios, procura inspirar-se em razões de ordem prática e de ordem social" e, neste sentido, é a orientação do Enunciado n. 446 do CJF, *verbis*:

> A responsabilidade civil prevista na segunda parte do parágrafo único do art. 927 do Código Civil deve levar em consideração não apenas a proteção da vítima e a atividade do ofensor, mas também a prevenção e o interesse da sociedade.

2. O QUE É ATIVIDADE DE RISCO?

O Código Civil, em seu art. 927, parágrafo único, dispõe que:

> Haverá obrigação de reparar o dano, independentemente de culpa, nos casos especificados em lei, ou quando a atividade NORMALMENTE desenvolvida pelo autor do dano implicar, por sua natureza, risco para os direitos de outrem.

Note-se, boa parte do que é considerado risco já é regulado pela Responsabilidade Objetiva em nosso ordenamento jurídico, no caso dos arts. 936 (detentor de animal), 937 (dono da construção), 938 (habitante de prédio), 932 (responsabilidade pelo fato de outrem) e em leis especiais, como o Código de Defesa do Consumidor.

O Conselho de Justiça Federal no Enunciado n. 38 explica a interpretação a ser dada a respeito da atividade de risco, *verbis*:

> Enunciado n. 38. Art. 927. "A responsabilidade fundada no risco da atividade, como prevista na segunda parte do parágrafo único do art. 927 do Código Civil, **configura-se quando a atividade normalmente desenvolvida pelo autor do dano causar a pessoa determinada ônus maior do que aos demais membros da coletividade**".

Neste sentido, o risco deve ser inseparável do exercício da atividade. Assim, quando o legislador utilizou-se do advérbio NORMALMENTE, quis referir-se a todos os agentes que, em troca de determinado proveito, exerçam com REGULARIDADE atividade potencialmente nociva ou danosa aos direitos de terceiros(16).

Nesta linha de raciocínio tem-se a orientação de que ter-se-á por objetiva a responsabilidade, aplicando-se a 2ª parte do parágrafo único do art. 927 do Código Civil "sempre que a atividade normalmente desenvolvida, mesmo sem defeito e não essencialmente perigosa, induza, por sua natureza, risco especial e diferenciado aos direitos de outrem", sendo certo que os critérios de avaliação desse risco são, dentre outros, a estatística, a prova técnica e as máximas de experiência, conforme o Enunciado n. 448 do Conselho de Justiça Federal.

---

(15) *Responsabilidade civil*. 9. ed. Rio de Janeiro: Forense, 1999. p. 19.

(16) STOLZE, Pablo. *Novo curso de direito civil*. 4. ed. São Paulo: Saraiva, 2006. v. III, p. 139.

Cumpre salientar, a título de exemplo, que de acordo com a Lei n. 10.671/2003 — Estatuto do Torcedor — art. 39-B é estabelecida a responsabilidade objetiva e solidária da torcida organizada pelos danos causados por qualquer dos seus associados. No mesmo sentido, é a orientação do Enunciado n. 447 do CJF aprovado na V Jornada de Direito Civil quanto à aplicação da 2ª parte do parágrafo único do art. 927 do Código Civil, *verbis*:

> As agremiações esportivas são objetivamente responsáveis por danos causados a terceiros pelas torcidas organizadas, agindo nessa qualidade, quando, de qualquer modo, as financiem ou custeiem, direta ou indiretamente, total ou parcialmente.

3. Socialização dos riscos

Em face do aumento de acidentes, principalmente no trabalho e no trânsito, onde o dano muitas vezes torna-se irreparável, não só pelo montante da indenização, mas também pela falta de patrimônio da parte que o causou, lança-se mão de técnicas de socialização do dano para o fim de ser garantida pelo menos uma indenização básica para qualquer tipo de acidente pessoal.

Explica Nelson Godoy Bassil Dower[17], *verbis:* "Vejamos o caso de um menor que, descendo do ônibus, é apanhado e morto por um veículo quando tentava atravessar a rua em direção a um colégio. O causador da morte não teve que pagar nenhuma indenização porque não agiu com culpa. Contudo, os sucessores do menor receberam indenização por força do seguro obrigatório contra acidente de trânsito, considerado como verdadeira assistência pública que o Estado tomou a seu cargo para proteção do indivíduo".

Continua o saudoso professor explicando que "essa é a razão pela qual a ação deve ser proposta pelos sucessores contra a seguradora, independente da culpa do ofensor. A única averiguação a ser feita, como causa da obrigação de indenizar, será a existência do dano, por força da *doutrina do risco* ou também chamada *teoria objetiva...*", consagrada na Lei n. 6.194/1974 em seu art. 5º, *verbis:*

> "O pagamento da indenização será efetuado mediante simples prova do acidente e do dano decorrente, independentemente da existência de culpa, haja ou não resseguro, abolida qualquer franquia de responsabilidade do segurado".

Note-se que a falta de pagamento do prêmio do seguro obrigatório de Danos Pessoais Causados por Veículos Automotores de Vias Terrestres (DPVAT) não é motivo para a recusa do pagamento da indenização, segundo a Súmula n. 257 do STJ.

Com base nesse preceito, o TJSP decidiu o caso supra do seguinte modo: "O seguro obrigatório impõe a obrigação de pagar indenização fixada na respectiva apólice sem que se deva cogitar da existência ou não de culpa do motorista" (in RT 433/1996). Dispensa-se, pois, a prova da culpa do ofensor.

---

(17) *Curso moderno de direito civil*. 4. ed. atualizada por Lincoln Biela de Souza Vale Junior. São Paulo: Nelpa, 2010. v. 3, p. 457-459.

No mesmo sentido se aplica com relação ao seguro obrigatório social nos casos de acidentes do trabalho, ocasiões em que não se cogita, também, a existência da culpa, nos termos da Constituição Federal, art. 7º, XXVIII. Cabendo, portanto, ao INSS o encargo de efetuar a indenização, independentemente de se cogitar da culpa, nos termos do que dispõe a Lei n. 8.213/1991, art. 19 e ss. Sendo importante observar, ainda, que a indenização acidentária não exclui a do Direito Comum, em caso de dolo ou culpa grave do empregador, a teor da Súmula n. 229 do STF.

4. *Modalidades da teoria do risco*

Explica Caio Mário da Silva Pereira(18) que, com o surgimento da teoria do risco, logo se multiplicaram os seus extremos, surgindo, então, em torno da ideia central do risco, configurações que se identificam como certas modalidades ou especializações, tais como:

- TEORIA DO RISCO-PROVEITO. É adotada nas situações em que o risco decorre de uma atividade lucrativa, ou seja, onde está o ganho aí reside o encargo. Exemplo: deve uma empresa farmacêutica responder por um novo produto que coloca no mercado.

- TEORIA DO RISCO DA ATIVIDADE (RISCO PROFISSIONAL). É adotada quando a atividade desempenhada cria riscos a terceiros ou, nas palavras do mestre Caio Mário da Silva Pereira(19), o que prevalece é o risco profissional, considerando o dever de indenizar quando o fato prejudicial é uma decorrência da atividade ou profissão do lesado.

- TEORIA DO RISCO ADMINISTRATIVO. É adotada nos casos de responsabilidade objetiva do Estado CF, art. 37, § 6º.

- TEORIA DO RISCO INTEGRAL. Nessa hipótese não há excludente de nexo de causalidade. Ex. Caso de danos nucleares.

- TEORIA DO RISCO CRIADO. Essa teoria está presente nos casos em que o agente cria o risco, sendo seu adepto Caio Mário da Silva Pereira, que aponta para esta como a adotada na segunda parte do parágrafo único do art. 927: "(...) ou quando a atividade normalmente desenvolvida pelo autor do dano implicar, por sua natureza, risco para os direitos de outrem". Portanto, essa teoria é a que subordina o causador do risco, sem indagação da culpa, a suportar o ônus da exposição dano de alguém, pelo fato de o agente causador do dano ter criado o risco, p. ex., armazenamento de fogos de artifício ou de combustível em residência ou comércio sem autorização para tal prática.

---

(18) *Responsabilidade civil*, p. 270.

(19) *Idem*.

CAPÍTULO IV

NEXO DE CAUSALIDADE

1. CONCEITO

Denominado, também, de relação de causalidade ou nexo causal, este é o liame que une a conduta do agente ao dano produzido, em outras palavras, é a ligação entre o fato e o dano por meio do verbo causar previsto justamente nos arts. 186 e 927 do Código Civil. Neste diapasão, pontificam os autores Júlio César Rossi e Maria Paula Rossi[20] que "para aferição do nexo causal, necessária é a perquirição do fato que efetivamente conduziu ou conduziria, se evitado, ao dano", assim, um dos problemas mais debatidos em direito diz respeito ao critério a ser utilizado para chegar à conclusão de que, no concurso de várias circunstâncias, uma dentre elas é que foi o fato determinante do prejuízo.

A teoria do nexo causal encontra dificuldades em razão do aparecimento de concausas, já que a pesquisa da verdadeira causa do dano nem sempre é fácil. Contudo, afirma Cavalieri[21] que "o nexo de causalidade é elemento indispensável em qualquer espécie de responsabilidade civil". Pode haver responsabilidade sem culpa, mas não pode haver responsabilidade sem nexo causal.

1.1. TEORIAS DO NEXO DE CAUSALIDADE

1.1.1. *TEORIA DA EQUIVALÊNCIA DAS CONDIÇÕES* — CONDITIO SINE QUA NON

Esta teoria não diferencia os antecedentes do resultado danoso, de forma que tudo aquilo que concorra para o evento será considerado causa. Assim, se várias

(20) *Direito civil:* responsabilidade civil. São Paulo: Atlas, 2007. p. 56.

(21) *Programa de responsabilidade civil*, p. 46.

condições concorrem para o mesmo resultado, todas têm o mesmo valor, a mesma relevância, todas se equivalem.

É a teoria adotada pelo Código Penal que no art. 13 dispõe:

Art. 13. O resultado, de que depende a existência do crime, somente é imputável a quem lhe deu causa. **Considera-se causa a ação ou omissão *sem a qual o resultado não teria ocorrido.***

Esta teoria apresenta um grave inconveniente, qual seja: a investigação infinita.

Assim, nessa linha de raciocínio, se o agente saca a arma e dispara o projétil, matando seu desafeto, seria considerado causa, não apenas o disparo, mas também a compra da arma, a sua fabricação, a aquisição do ferro e da pólvora pela indústria etc., o que envolveria, absurdamente, um número ilimitado de agentes na situação de ilicitude(22).

Ressalta Carlos Roberto Gonçalves(23) que, em razão desta investigação infinita, tal teoria tem recebido inúmeras críticas, como, por exemplo, as de que o nascimento de uma pessoa não pode, absolutamente, ser tido como causa do acidente de que foi vítima, embora possa ser havido como condição *sine qua non* do evento.

1.1.2. Teoria da causalidade adequada

Segundo essa teoria, somente se considera como causadora do dano a condição por si só apta a produzi-lo. Ocorrendo certo dano, temos que concluir que o fato que o originou era capaz de lhe dar causa(24).

Para essa teoria, causa é o antecedente, não só necessário, mas também adequado à produção do resultado. Logo, **nem todas as condições serão causa, mas apenas aquela que for mais apropriada para produzir o evento.**

Nesse sentido, a ideia fundamental da doutrina é a de que só há uma relação de causalidade adequada entre o fato e o dano quando o ato ilícito praticado pelo agente seja de molde a provocar o dano sofrido pela vítima, segundo o curso normal das coisas e experiência comum da vida. Assim, exemplifica Cavalieri(25):

> "Se alguém retém ilicitamente uma pessoa que se apressava para tomar certo avião, e teve, afinal, de pegar um outro, que caiu e provocou a morte de todos os passageiros, enquanto o primeiro chegou sem incidente ao aeroporto de destino, não se poderá considerar a retenção ilícita do indivíduo como causa (jurídica) do dano, ocorrido, porque, em abstrato, não era adequada a produzir tal efeito, embora se possa asseverar que este (nas condições em que se verificou) não se teria dado se não fora o ilícito."

---

(22) STOLZE, Pablo. *Op. cit.*, p. 87.
(23) *Op. cit.*, p. 83.
(24) GONÇALVES, Carlos Roberto. *Sinopses jurídicas*: responsabilidade civil, v. 6, t. II, p. 83.
(25) *Op. cit.*, p. 48.

Procurando explicar a teoria da equivalência das condições e da causalidade adequada, Carlos Roberto Gonçalves[26] cita o seguinte exemplo:

> "'A' deu uma pancada ligeira no crânio de 'B', a qual seria insuficiente para causar o menor ferimento num indivíduo normalmente constituído, mas que causou a 'B', que tinha uma fraqueza particular dos ossos do crânio, uma fratura que resultou a morte. O prejuízo deu-se, apesar de o fato ilícito praticado por 'A' não ser causa adequada a produzir aquele dano em um homem adulto. Segundo a teoria da equivalência das condições, a pancada é uma condição *sine qua non* do prejuízo causado, pelo qual o seu autor terá de responder. Ao contrário, não haveria responsabilidade, em face da teoria da causalidade adequada".

Como se vê, nos termos do exemplo citado, segundo a Teoria da Equivalência das Condições, a pancada é condição *sine qua non* do prejuízo causado, pelo qual o seu autor terá de responder. Ao contrário, não haveria responsabilidade, em face da Teoria da Causalidade Adequada.

Segundo o professor Carlos Roberto Gonçalves, a Teoria da Causalidade Adequada é bastante aplicada em acidentes de veículos, para definir, por exemplo, qual das condutas foi adequada a provocar o dano: se a do motorista que invadiu a preferencial, não respeitando a placa PARE, ou se a do que transitava por esta, em velocidade excessiva[27].

Para Pablo Stolze[28], "o ponto central para o correto entendimento dessa teoria consiste no fato de que somente o antecedente abstratamente apto à determinação do resultado, segundo o juízo razoável de probabilidade, em que conta a experiência do julgador, poderá ser considerado causa".

O inconveniente dessa teoria reside no fato de se admitir um acentuado grau de discricionariedade do julgador, a quem incumbe avaliar, no plano abstrato, e segundo o curso normal das coisas, se o fato ocorrido no caso concreto pode ser considerado, realmente, causa do resultado danoso. Contudo, pontifica Cavalieri[29], firmado em Aguiar Dias e Martinho Garcez Neto, que esta é a teoria acolhida pelo nosso Direito Civil.

1.1.3. Teoria da causalidade direta ou imediata

Também denominada teoria da interrupção do nexo causal ou teoria da causalidade necessária, foi desenvolvida pelo prof. Agostinho Alvim na obra clássica

(26) *Op. cit.*, p. 49.

(27) *Sinopses jurídicas*: responsabilidade civil, v. 6, t. II, p. 84.

(28) *Op. cit.*, p. 90.

(29) *Programa de responsabilidade civil*, p. 29-30.

Da inexecução das obrigações que, segundo os autores Pablo Stolze[30] e Carlos Roberto Gonçalves[31], esta deve ser a teoria a ser adotada, discordando Cavalieri, que entende ser adotada a Teoria da Causalidade Adequada.

Pablo Stolze e Rodolfo Pamplona[32] exemplificam com a seguinte situação:

> Caio é ferido por Tício (lesão corporal), em uma discussão após a final do campeonato de futebol. Caio, então, é socorrido por seu amigo Pedro, que dirige, velozmente, para o hospital da cidade. No trajeto, o veículo capota e Caio falece. Ora, pela morte da vítima, apenas poderá responder Pedro, se não for reconhecida alguma excludente em seu favor. Tício, por sua vez, não responderia pelo evento fatídico, uma vez que o seu comportamento determinou, como efeito direto e imediato, apenas a lesão corporal.

Essa teoria está expressa no art. 403, embora não fale sobre nexo causal, porém trata do efeito direto e imediato. E é a adotada pelo nosso Código, *verbis:*

> Art. 403. Ainda que a inexecução resulte de dolo do devedor, as perdas e danos só incluem os prejuízos efetivos e os lucros cessantes **por efeito dela direto e imediato**, sem prejuízo do disposto na lei processual.

Explica Carlos Roberto Gonçalves[33] que não é, portanto, indenizável o chamado dano remoto, que seria a consequência indireta do inadimplemento, envolvendo lucros cessantes para cuja caracterização tivessem de concorrer outros fatores. O que significa dizer que se alguém sofre um acidente de carro no instante em que se dirigia ao aeroporto para uma viagem de negócios, pode responsabilizar o motorista causador do dano pelos prejuízos que resultarem direta e imediatamente do acidente, como as despesas médico-hospitalares e os lucros cessantes referentes aos dias de serviço perdidos. Mas não poderá cobrar os danos remotos, atinentes aos eventuais lucros que poderia ter auferido se tivesse viajado e efetuado os negócios que tinha em mente. É que esses danos, embora filiados ao ato do motorista, acham-se muito distantes deste e podem ter outras causas.

Causa, para esta teoria, seria apenas o antecedente fático que, ligado por um vínculo de necessariedade ao resultado danoso, determinasse este último como uma consequência sua direta e imediata. Assim, segundo tal teoria, **cada agente responde somente pelos danos que resultam direta e imediatamente de sua conduta**.

A imputação de responsabilidade civil, objetiva ou subjetiva, supõe a presença de dois elementos de fato (a conduta do agente e o resultado danoso) e um elemento lógico-normativo, o nexo causal (que é lógico, porque consiste num elo referencial,

(30) *Op. cit.*, p. 93.

(31) *Sinopses jurídicas*: responsabilidade civil, v. 6, t. II, p. 84.

(32) *Op. cit.*, p. 91.

(33) *Sinopses jurídicas*: responsabilidade civil, v. 6, t. II, p. 85.

numa relação de pertencialidade entre os elementos de fato; e é normativo, porque tem contornos e limites impostos pelo sistema de direito).

> "Ora, em nosso sistema, como resulta do disposto no art. 403 do CC/2002, a teoria adotada quanto ao nexo causal é a teoria do dano direto e imediato, também denominada teoria da interrupção do nexo causal. Não obstante aquele dispositivo da codificação civil diga respeito à impropriamente denominada responsabilidade contratual, aplica-se também à responsabilidade extracontratual, inclusive a objetiva [...]. Essa teoria, como bem demonstra Agostinho Alvim (*Da inexecução das obrigações*. 5. ed. São Paulo: Saraiva, 1980. n. 226, p. 370), só admite o nexo de causalidade quando o dano é efeito necessário de uma causa" (STF, RE 130.764, 1ª Turma, DJ 7.8.1992, Min. Moreira Alves).

Assim, no caso de morte decorrente de bala perdida disparada por menor evadido há uma semana de estabelecimento destinado ao cumprimento de medida socioeducativa de semiliberdade, não há como afirmar que a deficiência do serviço do Estado (que propiciou a evasão de menor submetido a regime de semiliberdade) tenha sido a causa direta e imediata do tiroteio entre o foragido e um seu desafeto, ocorrido oito dias depois, durante o qual foi disparada a "bala perdida" que atingiu a vítima, nem que esse tiroteio tenha sido efeito necessário da referida deficiência. Ausente o nexo causal, fica afastada a responsabilidade do Estado[34].

2. Causas concorrentes

Quando a atuação da vítima também favorece a ocorrência do dano, somando-se ao comportamento causal do agente, fala-se em "concorrência de causas ou de culpas", caso em que a indenização deverá ser reduzida, na proporção da contribuição da vítima.

O Código Civil adotou expressamente a culpa concorrente como critério de quantificação da proporcionalidade da indenização, nos termos do art. 945, *verbis*:

> Art. 945. Se a vítima tiver concorrido culposamente para o evento danoso, a sua indenização será fixada tendo-se em conta a gravidade de sua culpa em confronto com a do autor do dano.[35]

Note-se, ainda, que o artigo acima citado, também, se aplica à responsabilidade objetiva, posto que "a conduta da vítima pode ser fator atenuante do nexo de causalidade na responsabilidade objetiva", conforme a orientação do Enunciado n. 459 do Conselho de Justiça Federal.

---

(34) STJ — REsp 858511 — (2006/0121245-9) — 1ª T. — Rel. Min. Luiz Fux — DJe 15.09.2008.

(35) "Responsabilidade por ato ilícito. Indenização por danos materiais e morais. Acidente de trânsito. Culpa recíproca. Negligência mútua. Exegese do art. 945 do Código Civil. Lucros cessantes. Ônus da prova redução. Dano emergencial. Dano moral. Constrangimento comprovado. Quantificação reduzida. Princípio da proporcionalidade e razoabilidade. Recurso conhecido e provido em parte" (TJSE — AC 2469/2006 — (Proc. 2006207084) — (20077167) — 1ª C.Cív. — Rel. Des. Madeleine Alves de Souza Gouveia — J. 9.10.2007).

Neste sentido, exemplifiquemos com a melhor posição dos nossos tribunais, *verbis*:

RESPONSABILIDADE CIVIL — ACIDENTE DE TRABALHO — CULPA CONCORRENTE — DEVER DE INDENIZAR — 1 — Tendo em vista o fato de a vítima ter se acidentado ao tentar tirar um pedaço de sorvete que estava dentro da máquina denominada batedeira, bem como a existência de culpa concorrente do ex-funcionário, uma vez que agiu com imprudência ao colocar a sua mão dentro do equipamento já ligado em processo de Auto Limpeza, o que não excluiu a responsabilidade do empregador, que não comprovou ter adotado as medidas de segurança necessárias ao manuseio do maquinário, com o oferecimento de curso, por técnico habilitado, aos empregados, bem como com a afixação de placas de instrução junto às máquinas, é de se reconhecer a necessidade de reforma da sentença monocrática, para condenar a ré, recorrida, no pagamento de danos morais, no valor de R$ 8.000,00 (oito mil reais), e danos estéticos no valor de R$ 2.500,00 (dois mil e quinhentos reais), totalizando R$ 10.500,00 (dez mil e quinhentos reais). 2 — Recurso de apelação conhecido e provido. (TJCE — AC 2003.0006.2758-0/0 — Rel. Des. João de Deus Barros Bringel — DJe 2.3.2009 — p. 93)

APELAÇÃO CÍVEL — AÇÃO DE INDENIZAÇÃO — ACIDENTE DE TRÂNSITO — DANOS MORAIS — CULPA CONCORRENTE — REDUÇÃO DO QUANTUM INDENIZATÓRIO — RECURSO PARCIALMENTE PROVIDO - 1 — Aplica-se à transportadora apelante a responsabilidade objetiva nos moldes do art. 927, parágrafo único do CC na medida em que sua conduta encaixa-se na teoria do risco-criado. 2 — A vítima contribuiu consideravelmente para o acidente, conforme depoimentos testemunhais, unânimes em atribuir à criança a culpa pelo ocorrido. 3 — Tendo vista que a vítima teve participação determinante no evento, reduzido o *quantum* indenizatório para R$ 50.000,00 (cinquenta mil reais), valor razoável para compensar os apelados pelo abalo sofrido, sem que configure enriquecimento sem causa e, seja um desestímulo para a prática de novas condutas lesivas pelo apelante. 4 — Recurso da Bradesco Seguros parcialmente provido. 5 — Recurso da Remen Transportes prejudicado. (TJES — AC 011070086076 — 3ª C.Cív. — Rel. Des. Jorge Góes Coutinho — J. 10.2.2009)

DIREITO CIVIL — RESPONSABILIDADE CIVIL — ATROPELAMENTO EM VIA FÉRREA — CULPA CONCORRENTE — INDENIZAÇÃO POR DANOS MATERIAIS E MORAIS — RECURSO ESPECIAL CONHECIDO E PARCIALMENTE PROVIDO — 1. "Neste Superior Tribunal de Justiça, prevalece a orientação jurisprudencial no sentido de que é civilmente responsável, por culpa concorrente, a concessionária do transporte ferroviário pelo falecimento de pedestre vítima de atropelamento por trem em via férrea, porquanto incumbe à empresa que explora essa atividade cercar e fiscalizar, devidamente, a linha, de modo a impedir sua invasão por terceiros, notadamente em locais urbanos e populosos. Embargos de divergência não conhecidos (EREsp 705.859/SP, 2ª S., Rel. Min. Castro Filho, J. 13.12.2006, DJ 8.3.2007)". 2. Recurso especial conhecido e parcialmente provido. (STJ — REsp 437.195/SP — (2002/0062743-9) — 4ª T. — Rel. Min. Hélio Quaglia Barbosa — DJU 6.8.2007)

3. CONCAUSAS

Concausa, segundo Cavalieri[36], é outra causa que, juntando-se à principal, concorre para o resultado. Ela não inicia e nem interrompe o processo causal, apenas o reforça (...), ou seja, são circunstâncias que concorrem para o agravamento do dano, mas que não têm a virtude de excluir o nexo causal desencadeado pela conduta principal, nem de, por si sós, produzir o dano, suportando o agente os riscos porque, não fosse a sua conduta, a vítima não se encontraria na situação em que o evento danoso a colocou.

Assim, restando demonstrado, por exemplo, que o acidente de trabalho concorreu para a deflagração da doença preexistente, isto é, precipitou os traumas físicos, participando, no mínimo, como uma concausa para o agravamento do quadro clínico, a indenização por danos materiais e morais se impõe, pois, nos termos do art. 21 da Lei n. 8.213/1991, equiparam-se ao acidente do trabalho, para os efeitos da lei, o acidente ligado ao trabalho que, embora não tenha sido a causa única, haja contribuído diretamente para a morte do segurado, para a redução ou perda da sua capacidade para o trabalho, ou produzido lesão que exija atenção médica para a sua recuperação[37].

Nas palavras de Pablo Stolze[38], utiliza-se a expressão concausa para caracterizar o acontecimento que, anterior, concomitante ou superveniente ao antecedente que deflagrou a cadeia causal, acrescenta-se a este, em direção ao evento danoso. Todavia, pontifica o autor que se esta segunda causa for absolutamente independente em relação à conduta do agente — quer seja preexistente, concomitante ou superveniente — o nexo causal originário estará rompido e o agente não poderá ser responsabilizado.

Pablo Stolze[39] cita como exemplo a hipótese de uma pessoa ser atingida por um tiro que o levaria a morte, mas que antes do seu passamento, um violento terremoto mata a tal pessoa. Desta forma, essa causa superveniente, absolutamente independente em face do agente que deflagrou o tiro, rompe o nexo causal. Aplicando-se, ainda, o mesmo raciocínio às causas preexistentes (ingestão de veneno antes do tiro) e concomitantes (um derrame cerebral fulminante ao tempo que é atingido pelo projétil).

4. EXCLUDENTES DO NEXO CAUSAL

4.1. FATO DE TERCEIRO

Rompe-se o nexo causal, dispensando a reclamada de qualquer reparação civil, quando o fato que causou a morte de ex-empregado foi exclusivamente praticado

(36) *Op. cit.*, p. 58.

(37) TRT 16ª R. — Proc. 00779-2006-004-16-00-5 — Rel. Juiz José Evandro de Souza — J. 23.1.2009.

(38) *Op. cit.*, p. 95-96.

(39) *Idem.*

por terceiro, sem qualquer liame com a atividade laboral desenvolvida na reclamada[(40)], portanto, o fato de terceiro afasta o nexo causal, pois diz respeito a qualquer outra pessoa além da vítima ou do agente.

Assim, constatado o dano e verificando-se que a ocorrência se deu pela conduta do terceiro que interveio, afastando o nexo causal, a responsabilidade será atribuída exclusivamente ao terceiro e, assim, presente estará a eximente de responsabilização em favor do agente sobre o qual se imputou o dever de indenizar, exceto as hipóteses de responsabilidade pelo fato de outrem. Note-se que no tocante a responsabilidade do transportador a Súmula n. 187 do STF dispõe que: "A responsabilidade contratual do transportador, pelo acidente com o passageiro, não é elidida por culpa de terceiro, contra o qual tem ação regressiva".

Note-se que só haverá exclusão da responsabilidade quando o fato de terceiro for fonte exclusiva do dano, assim, temos que a exemplo desta excludente a teoria do risco administrativo não sujeita a Unidade da Federação a reparar lesão corporal sofrida por vítima, alvejada por saco plástico contendo garrafa de vidro, lançado de um veículo em movimento, em via Pública, se os elementos caracterizadores da responsabilidade do ente político, em tal hipótese, não estiverem perfeitamente delineados. Essa deplorável, revoltante e triste ação foi praticada por vândalos não identificados, que se conduziam, no momento da agressão, em veículo também não localizado. A ocorrência de que falam os autos, perpetrada por terceiros, não obriga o Estado a indenizar, porquanto não ocorreu nenhuma participação de seus agentes[(41)].

Quando o fato de terceiro for causa parcial do evento danoso, aplica-se a regra do art. 942, ou seja, da solidariedade entre aqueles que efetivamente participaram do evento danoso. Portanto, tanto nos casos de responsabilidade extracontratual como contratual, a prova da existência de rompimento do nexo causal a legitimar a ocorrência da excludente de fato de terceiro é de extrema complexidade, sendo certo que, em ambas as hipóteses, o causador — agente ofensor cuja imputabilidade pelo dano lhe foi carreada — deverá indenizar a vítima e, se o terceiro for identificado, poderá contra este desencadear ação autônoma regressiva.

Conclui Carlos Roberto Gonçalves[(42)] que "o causador direto do dano só se eximirá da obrigação de indenizar se sua ação for equiparável ao fortuito (caso em que terá sido mero instrumento do terceiro, servindo de projétil). Quando essa situação está bem caracterizada, a ação deve ser proposta unicamente contra o terceiro, o verdadeiro e único causador do evento".

---

(40) TRT 16ª R. — Proc. 00484-2006-014-16-00-6 — Relª Juíza Ilka Esdra Silva Araújo — J. 19.1.2009.

(41) TJRJ — AC 622/97 — (Reg. 220498) — Cód. 97.001.00622 — RJ — 6ª C. Cív. — Rel. Des. Albano Mattos Corrêa — J. 11.12.1997.

(42) *Op. cit.*, p. 150.

4.2. Caso fortuito e força maior

> Art. 393. O devedor não responde pelos prejuízos resultantes de caso fortuito ou força maior, se expressamente não se houver por eles responsabilizado.
>
> Parágrafo único. O caso fortuito ou de força maior verifica-se no fato necessário, cujos efeitos não era possível evitar ou impedir.

Embora doutrina e jurisprudência tratem o caso fortuito e a força maior como sinônimo, a melhor técnica sinaliza o caso fortuito como evento totalmente imprevisível referindo-se à pessoa e à força maior como evento previsível, mas, inevitável, geralmente atribuído a fenômeno da natureza.

Caso fortuito é o fato que acontece imprevisivelmente, que atua por força que não se pode evitar. A vontade do homem não pode impedi-lo. Assim não se qualifica o estouro de pneu de veículo. O condutor não pode alegá-lo utilmente, para isentar-se da responsabilidade. Age com culpa o condutor que, imprimindo velocidade incompatível para a via (com buracos e sem acostamento), após o estouro de pneu traseiro do veículo, perde o controle da direção, invade a pista em sentido contrário e colide com veículo que trafegava regularmente em sua faixa de rolamento[(43)].

A condição climática adversa que acarreta atraso em voo doméstico regular, ocasionando escala em destino não programado e força a continuidade da viagem por via terrestre, é causa excludente da responsabilidade civil tanto da empresa de aviação área quanto da agência de viagens, nos termos do art. 14, § 3º, do CDC, evidenciando-se a hipótese caracterizadora de caso fortuito ou força maior[(44)].

A responsabilidade objetiva (CF, art. 37, § 6º) somente exonera a administração pública se ficar provado que o evento lesivo foi provocado por culpa exclusiva da própria vítima ou de terceiro, caso fortuito ou força maior. Assim, o rompimento de adutora, que deu causa a alagamento, rompimento e afundamento do asfalto e, com isso, provocou danos no veículo da autora que trafegava pelo local, que foi absorvido pela cratera ali aberta, poderia ter sido evitado se a concessionária promovesse adequada e periódica manutenção, conservação e melhoramento dos equipamentos por ela aplicados no serviço público explorado, não subsistindo causa que permita a exclusão da responsabilização da empresa[(45)].

Neste diapasão, é de se considerar que se constitui num fato inteiramente estranho à relação de transporte um assalto ocorrido dentro do ônibus, caracterizando caso fortuito/força maior, excludente de responsabilidade da empresa transportadora. A responsabilidade do transportador restringe-se à segurança do

---

(43) TJDFT — APC 20070350057382 — 6ª T.Cív. — Relª p/o Ac. Desª Ana Maria Duarte Amarante Brito — DJU 25.10.2007 — p. 131.

(44) TJDFT — ACJ 2006.01.1.130949-9 — 2ª T. Rec. — Relª Juíza Iracema Miranda E Silva — DJU 19.10.2007.

(45) TJMS — AC 2008.030025-8/0000-00 — Rel. Des. Dorival Renato Pavan — DJe 19.3.2009 — p. 10.

transporte, não abrangendo fato de terceiros, estranhos ao contrato, imprevisíveis e inevitáveis equiparado a caso fortuito[(46)].

Nessa ótica, a V Jornada de Direito Civil promovida pelo Conselho de Justiça Federal aprovou o Enunciado n. 443, *verbis*:

> O caso fortuito e a força maior somente serão considerados como excludentes da responsabilidade civil quando o fato gerador do dano não for conexo à atividade desenvolvida.

O tema é polêmico e intrigante, devendo ser analisado caso a caso como já se pronunciou o Superior Tribunal de Justiça[(47)] em notícia veiculada em seu *site*:

> **STJ analisa caso a caso o que é fortuito ou força maior**
>
> Qual é a ligação entre um buraco no meio da via pública, um assalto à mão armada dentro de um banco e um urubu sugado pela turbina do avião que atrasou o voo de centenas de pessoas? Todas essas situações geraram pedidos de indenização e foram julgados no Superior Tribunal de Justiça (STJ) com base num tema muito comum no Direito: o caso fortuito ou de força maior.
>
> O Código Civil diz que o caso fortuito ou de força maior existe quando uma determinada ação gera consequências, efeitos imprevisíveis, impossíveis de evitar ou impedir:
>
> Caso fortuito + Força maior = Fato/Ocorrência imprevisível ou difícil de prever que gera um ou mais efeitos/consequências inevitáveis.
>
> Portanto pedidos de indenização devido a acidentes ou fatalidades causadas por fenômenos da natureza podem ser enquadrados na tese de caso fortuito ou de força maior.
>
> Exemplo: um motorista está dirigindo em condições normais de segurança. De repente, um raio atinge o automóvel no meio da rodovia e ele bate em outro carro. O raio é um fato natural. Se provar que a batida aconteceu devido ao raio, que é um acontecimento imprevisível e inevitável, o condutor não pode ser punido judicialmente, ou seja: não vai ser obrigado a pagar indenização ao outro envolvido no acidente.
>
> Ao demonstrar que a causa da batida não está relacionada com o veículo, como problemas de manutenção, por exemplo, fica caracterizada a existência de caso fortuito ou força maior.
>
> Nem todas as ações julgadas no STJ são simples de analisar assim. Ao contrário, a maior parte das disputas judiciais sobre indenização envolve

---

(46) TJSE — AC 2008213259 — (9629/2008) — 1ª C.Cív. — Relª Clara Leite de Rezende — J. 15.12.2008.

(47) Disponível em: <http://www.stj.gov.br/portal_stj/publicacao/engine.wsp?tmp.area= 398&tmp.texto=90560>.

situações bem mais complicadas. Como o processo de uma menina do Rio de Janeiro. A garota se acidentou com um bambolê no pátio da escola e perdeu a visão do olho direito.

A instituição de ensino deveria ser responsabilizada pelo acidente? Os pais da menina diziam que sim e exigiram indenização por danos morais e materiais. Por sua vez, o colégio afirmava que não podia ser responsabilizado porque tudo não passou de uma fatalidade. O fato de o bambolê se partir e atingir o olho da menina não podia ser previsto: a chamada tese do caso fortuito. Com essa alegação, a escola esperava ficar livre da obrigação de indenizar a aluna.

Ao analisar o pedido, o STJ entendeu que a escola devia indenizar a família. Afinal, o acidente aconteceu por causa de uma falha na prestação dos serviços prestados pela própria instituição de ensino. Assim como esse, outras centenas de processos envolvendo caso fortuito e indenizações chegam ao STJ todos os dias.

Assalto à mão armada no interior de ônibus, trens, metrôs? Para o STJ é caso fortuito. A jurisprudência do Tribunal afirma que a empresa de transporte não deve ser punida por um fato inesperado e inevitável que não faz parte da atividade fim do serviço de condução de passageiros.

Entretanto em situações de assalto à mão armada dentro de agências bancárias, o STJ entende que o banco deve ser responsabilizado, já que zelar pela segurança dos clientes é inerente à atividade fim de uma instituição financeira.

E o buraco causado pela chuva numa via pública que acabou matando uma criança? Caso fortuito? Não. O STJ decidiu que houve omissão do Poder Público, uma vez que o município não teria tomado as medidas de segurança necessárias para isolar a área afetada ou mesmo para consertar a erosão fluvial a tempo de evitar uma tragédia.

E onde entra o urubu? Numa ação de indenização por atraso de voo contra uma companhia aérea. A empresa alegou caso fortuito porque um urubu foi tragado pela turbina do avião durante o voo. Mas o STJ considerou que acidentes entre aeronaves e urubus já se tornaram fatos corriqueiros no Brasil, derrubando a tese do fato imprevisível. Resultado: a companhia aérea foi obrigada a indenizar o passageiro.

Moral da história: Imprevistos acontecem, mas saber se o caso fortuito ou de força maior está na raiz de um acidente é uma questão para ser analisada processo a processo, através das circunstâncias em que o incidente ocorreu.

4.3. Culpa exclusiva da vítima

É a própria vítima que deu ensejo ao evento danoso.

É do empregador o ônus de provar que o infortúnio se consumou por exclusiva culpa da vítima, questão que clama a análise minuciosa do acervo probatório. Constatando-se que o evento danoso se deu por pura imprudência do empregado que, ao tentar ajudar um colega de trabalho, realizou tarefa diversa da sua, sem nenhum treinamento e sem autorização da empresa, a despeito de existirem no local outros empregados com experiência na função, não há como não se imputar a responsabilidade pelo acidente ocorrido nessas circunstâncias ao próprio trabalhador(48).

A culpa exclusiva da vítima afasta por completo o dever do empregador de indenizar eventuais danos decorrentes de acidente de trabalho, tanto sob a ótica da teoria da responsabilidade civil objetiva quanto da responsabilidade subjetiva. No caso, a culpa exclusiva do Reclamante ficou materializada quando imprudentemente, ao executar o serviço de limpeza, praticou ato desnecessário e arriscado que culminou em lesão em sua mão(49). Desta feita, não há como se imputar à Reclamada o dever de indenizar a genitora de seu ex-empregado vitimado sem a prova da existência de culpa ou dolo da empregadora, principalmente quando resta provado que o evento danoso que causou a morte do trabalhador ocorreu por fato ou culpa exclusiva da vítima(50).

Evidentemente que a culpa exclusiva da vítima rompe o nexo causal, ou seja, a ligação entre o fato e o dano, assim se restou comprovado que o abalroamento se deu por culpa exclusiva da vítima, não há que se falar em reparação de danos(51).

5. *Atos lesivos não considerados ilícitos*

São eles: a legítima defesa, o exercício regular de um direito e o estado de necessidade.

5.1. Legítima defesa e o exercício regular de um direito

É o emprego dos meios necessários para REPELIR agressão injusta, atual e iminente, a direito do agredido ou de outrem, que configura excludente de ilicitude nos termos do art. 188, I, do Código Civil.

---

(48) TRT 16ª R. — Proc. 00406-2007-013-16-00-6 — Rel. Juiz José Evandro de Souza — J. 12.12.2008.

(49) TRT 23ª R. — RO 00164.2008.076.23.00-6 — Rel. Juiz Conv. Paulo Barrionuevo — J. 18.12.2008.

(50) TRT 5ª R. — RO 00141-2006-132-05-00-1 — 5ª T. — Rel. Jeferson Muricy — J. 9.12.2008.

(51) TJMS — AC 2008.025809-0/0000-00 — Rel. Des. Ildeu de Souza Campos — DJe 20.3.2009 — p. 20.

Somente a legítima defesa REAL, e praticada contra o agressor, deixa de ser ato ilícito, apesar do dano causado, impedindo a ação de ressarcimento de danos.

Entretanto, se por engano ou por erro de pontaria, terceira pessoa é atingida ou alguma coisa de valor, neste caso deve o agente reparar o dano. Não excluindo, também, o dever de indenizar a legítima defesa putativa, ou seja, quando a pessoa PENSA que está a sofrer uma agressão injusta. Assim, pontifica Carlos Roberto Gonçalves(52) que "na esfera cível, o excesso, a extrapolação da legítima defesa, por negligência ou imprudência, configura a situação do art. 186 do Código Civil".

Quem usa de um direito seu, não causa dano a ninguém(53), portanto, só haverá ato ilícito se houver abuso do direito. Assim, age no exercício regular do direito o credor que requer a penhora dos bens do devedor; o protesto do título de crédito; a inserção no rol dos inadimplentes dos órgãos de proteção ao crédito; a comunicação de fato ilícito à autoridade administrativa ou mesmo policial consubstancia exercício regular de direito, assim, não demonstrado o abuso do direito, não há falar em reparação civil(54).

5.2. Estado de necessidade

Consiste na ofensa do direito alheio (destruição de coisa pertencente a outrem ou lesão a uma pessoa) para remover perigo iminente, quando as circunstâncias o tomarem absolutamente necessário e quando não exceder os limites do indispensável para a remoção do perigo, sendo, portanto, excludente ilicitude (CC, art. 188, II), mas não de responsabilidade, já que é direito da pessoa lesada a indenização do prejuízo que sofreu (CC, art. 929), cabendo ao autor do dano, se o perigo ocorrer por culpa de terceiro, o que geralmente ocorre, contra este terá o autor do dano ação regressiva para haver a importância que tiver ressarcido ao lesado (CC, art. 930).

Assim, na iminência de ser abalroado por pesado caminhão, cujo choque poderá ser fatal, arremesso meu carro contra edifício alheio, danificando-o, ou então, para evitar que um incêndio se propague e atinja a minha casa, destruo o prédio alheio, não pratico ato ilícito nos termos do art. 188, II, do Código Civil, contudo, permanece o dever de indenizar (CC, arts. 929 e 930).

---

(52) *Op. cit.*, p. 143.

(53) CADASTRO DE INADIMPLENTES — DÉBITO DEVIDO — COMUNICAÇÃO PRÉVIA — EXERCÍCIO REGULAR DE DIREITO — DANO MORAL NÃO CONFIGURADO — A inscrição do nome do devedor em cadastro de inadimplentes, havendo comunicação prévia e em decorrência de débito devido, não configura dano moral, consistindo no exercício regular do direito do credor (TJRO — R.Civ. 60520070017246 — T. R. — Rel. Oscar Francisco Alves Junior — J. 10.10.2008).

(54) TJMS — AgRg-AC 2006.019631-6/0001-00 — Rel. Des. Sideni Soncini Pimentel — DJe 24.3.2009 — p. 29.

5.3. Estrito cumprimento do dever legal

Não se pode pretender seja imputada responsabilidade civil e consequente obrigação de indenizar àquele que age em exercício regular do direito previsto no ordenamento jurídico. Evidenciado nos autos a inexistência de excesso na ação policial, não decorre para o Estado a obrigação de indenizar os alegados danos sofridos pela família da vítima(55). Nessa ótica é correta a decisão que absolve sumariamente da prática de homicídio tentado, patrulheiro rodoviário federal cuja ação, exercida no estrito cumprimento do dever legal, revela-se no sentido de coibir a violação das normas de trânsito por parte de motorista de veículo que trafegava em alta velocidade, pondo em risco a vida das pessoas que conduzia e também de terceiros em outros veículos, hipótese em que resta configurada a excludente da criminalidade(56). Todavia, já se considerou que "não pode prevalecer a tese da excludente do estrito cumprimento do dever legal quando o policial atira na vítima pelas costas, quando esta, sem esboçar nenhuma reação, empreende fuga, temerosa de uma possível prisão"(57).

6. Cláusula de não indenizar

Segundo Sérgio Cavalieri, "a cláusula de não indenizar constitui uma transação sobre os riscos nos casos em que não há expressa vedação legal. Sua função é alterar, nos casos não vedados em lei, o jogo dos riscos em benefício contratante, invertendo--se os papéis"(58). Portanto, é cabível no âmbito da responsabilidade contratual face ao princípio da manifestação da vontade — autonomia e liberdade de contratar.

Não cabe, na responsabilidade extracontratual, bem como nas limitações expressadas na lei (CC, art. 734 e CDC, art. 25) e em contratos de adesão, portanto, a cláusula de não indenizar deve decorrer de contrato livremente negociado, sem a imposição de contrato de adesão. Desse modo, porque não negociada, não é válida a cláusula normalmente aposta nos estacionamentos: "Não nos responsabilizamos por furto e danos do veículo".

---

(55) APELAÇÃO CÍVEL — INDENIZATÓRIA — DANO MORAL — REPARAÇÃO — MORTE — ATO ILÍCITO — ATIVIDADE POLICIAL — VÍTIMA QUE DEU CAUSA A AÇÃO POLICIAL — ÁREA DE RISCO — ATIVIDADE SUSPEITA — REAÇÃO A AÇÃO POLICIAL COM DISPAROS DE ARMA DE FOGO — CARACTERIZAÇÃO DE LEGÍTIMA DEFESA E ESTRITO CUMPRIMENTO DO DEVER LEGAL PELOS POLICIAIS — RESPONSABILIDADE OBJETIVA DO ESTADO EXCLUÍDA — INEXISTÊNCIA DE DANO MORAL OU MATERIAL NA ESPÉCIE — SENTENÇA MANTIDA — RECURSO DE APELAÇÃO — NEGA PROVIMENTO (TJPR — AC 0159594-0 — Santa Helena — 1ª C.Cív. — Rel. Juiz Conv. Sérgio Luiz Patitucci — DJPR 16.12.2005).

(56) TRF 5ª R. — RSE 588/PE (2003.05.00.028468-6) — 3ª T. — Rel. Des. Fed. Paulo Gadelha — DJU 31.1.2006) JCP.121 JCPP.411.

(57) TJPA — ApPen — Ac. 53.184 — 3ª C.Crim.Isol. — Relª Desª Heralda Dalcinda Blanco Rendeiro — J. 17.6.2004.

(58) *Programa de responsabilidade civil*, p. 510-511.

CC, art. 734. O transportador responde pelos danos causados às pessoas transportadas e suas bagagens, salvo motivo de força maior, *sendo nula qualquer cláusula excludente da responsabilidade.*

CDC, art. 25. É vedada a estipulação contratual de *cláusula que impossibilite, exonere ou atenue a obrigação de indenizar* prevista nesta e nas Seções anteriores.

Assim, a validade da cláusula de não indenizar dependerá da observância dos requisitos apontados por Carlos Roberto Gonçalves[59]: bilateralidade de consentimento; não colisão com preceito de ordem pública (note-se que o CDC é norma de ordem pública); igualdade de posição das partes; inexistência do escopo de eximir o dolo ou a culpa grave do estipulante e a ausência da intenção de afastar obrigação inerente à função.

(59) *Op. cit.*, p. 153-154.

CAPÍTULO V

O DANO

1. Conceito

Sérgio Cavalieri conceitua dano "como sendo a subtração ou diminuição de um bem jurídico, qualquer que seja a sua natureza, quer se trate de um bem patrimonial, quer se trate de um bem integrante da própria personalidade da vítima, como a sua honra, a imagem, a liberdade, etc."[(60)].

Dano é, portanto, a lesão a um interesse jurídico tutelado — patrimonial ou não, o que abrange os bens extrapatrimoniais. Saliente-se, ainda, que o dano é pressuposto da responsabilidade civil seja ela contratual ou extracontratual, objetiva ou subjetiva. Assim, poderá existir a responsabilidade sem culpa (objetiva), mas jamais existirá responsabilidade sem dano. Enfim, sem dano não há indenização.

1.1. Requisitos do dano indenizável

Os autores baianos Pablo Stolze e Rodolfo Pamplona Filho[(61)] apontam três requisitos do dano indenizável, são eles:

> a) Violação de um interesse jurídico patrimonial ou extrapatrimonial.
>
> Nos termos dos arts. 12 e 186, combinados com 927 do Código Civil, temos que em face da lesão a um bem jurídico, nasce o direito subjetivo da parte de reclamar a reparação do prejuízo experimentado.

(60) *Programa de responsabilidade civil*, p. 71.

(61) *Novo curso de direito civil responsabilidade civil.* 4. ed. São Paulo: Saraiva, 2006. v. III, p. 38.

b) Certeza do dano.

Explicam Stolze e Pamplona Filho[(62)] que somente o dano certo é indenizável e, neste sentido, exemplificam citando o caso de calúnia, que embora não seja possível definir com precisão quanto vale o sentimento de dignidade da vítima, de fato a calúnia (falsa imputação de fato definido como crime) gera um dano certo à honra da vítima. Atente-se que a certeza do dano refere-se à sua existência, e não à sua atualidade ou ao seu montante.

Nesta linha explica Vaneska Donato de Araújo[(63)] que "em princípio, o dano futuro não é indenizável, a menos que decorra de um dano presente e haja certeza de que se produzirá, isto é, trata-se de uma consequência previsível da ação", exemplifica a autora que é o que ocorre com o dano atômico, posto que, ocorrido o vazamento de energia atômica, sabe-se que haverá um prejuízo para o meio ambiente e para a população que habita nas imediações do local do acidente, mesmo que não se possa precisar quando ele ocorrerá e nem quem efetivamente será atingido.

c) Subsistência do dano.

O dano deve subsistir no momento de sua exigibilidade em juízo, portanto, se já houve sua reparação, não há que se falar em indenização, o que não afasta a indenização do dano temporário[(64)], mas que influi na redução da fixação do *quantum debeatur*[(65)]. Assim, a título de exemplo, e para fins de reparação civil pela incapacidade, basta se demonstrar que do acidente de trabalho com culpa do empregador e nexo causal resultou

---

(62) *Ibidem*, p. 39.

(63) *Direito civil*: responsabilidade civil, p. 75.

(64) INDENIZAÇÃO POR DOENÇA OCUPACIONAL — NOVA DOENÇA — Tendo ficado demonstrado nos autos o nexo causal entre os achados médicos da época que laborou como caixa e as condições inadequadas de trabalho, bem como a culpa do empregador, que não cuidou fornecer um ambiente de trabalho sadio, negligenciando em providenciar mobiliário adequado, mantém-se a obrigação de indenizar no que tange ao período em que perdurou a incapacidade temporária para o labor e gerou o primeiro afastamento da Autora (julho/2003 a 10.5.2005). No entanto, não há nexo de causalidade entre a atual incapacidade da Autora e as funções por ela exercidas no estabelecimento do Banco Reclamado, posto que, além de fazer quase 5 anos que a obreira deixou de exercê-las, ficou caracterizado no laudo pericial, ao qual me reporto como razões de decidir, que a Reclamante é portadora de FIBROMIALGIA, doença reumática, que não tem caráter ocupacional. Portanto, não há como manter a condenação de pensão por lucros cessantes e despesas médicas do período posterior à alta médica do INSS (maio 2005) em face da alegada total e permanente inaptidão laborativa, já que a LER/DORT adquirida no âmbito da empresa encontra-se curada e não lhe acarreta debilidade permanente para o trabalho, não sendo ainda motivo certo do desencadeamento da nova doença estabelecida na obreira (TRT 18ª R. — RO 00904-2007-052-18-00-0 — Relª Ialba-luza Guimarães de Mello — J. 5.9.2008).

(65) PROCESSUAL CIVIL — AÇÃO DE INDENIZAÇÃO — DANOS MORAIS — *QUANTUM* — O valor fixado a título de danos morais deve ser reduzido, levando-se em consideração que foram mínimas as consequências do acidente, no caso, lesões físicas de pequena monta e incapacidade temporária para o trabalho, não deixando qualquer sequela. II — Recurso especial conhecido e provido (STJ — REsp 453.874/RJ (2002/0062409-1) — 3ª T. — Rel. Min. Antônio de Pádua Ribeiro — DJU 1.12.2003 — p. 348).

a inaptidão laboral, **ainda que temporária**, para a profissão que a vítima exercia antes do acometimento, nos termos do art. 950 do Código Civil, todavia, o valor da indenização deverá ser proporcional ao dano causado e ao grau de culpa do ofensor.[66]

2. *Espécies de dano*

2.1. Dano patrimonial

É a lesão aos bens e direitos economicamente apreciáveis, como um dano em nossa casa ou no nosso carro, todavia, conforme ressalta o professor Cavalieri[67], nem sempre o dano patrimonial resulta da lesão de bens ou interesses patrimoniais, pois a violação de bens personalíssimos, como o bom nome, a reputação, a saúde, a imagem e a própria honra, pode refletir no patrimônio da vítima, gerando perda de receitas ou realização de despesas, como no caso do médico difamado que perde sua clientela, o que lhe gera perda de receitas, o que configura para alguns o dano patrimonial indireto.

2.1.1. Dano emergente

É o prejuízo efetivamente experimentado pela vítima, ou seja, é a diminuição imediata no patrimônio da vítima nos termos do art. 402 que dispõe que as perdas e danos abrangem o que efetivamente se perdeu. Assim, num acidente de trânsito o dano emergente será aquele decorrente do prejuízo material sofrido, por exemplo, o valor do conserto da funilaria e pintura, bem como das peças repostas e da mão de obra.

2.1.2. Lucros cessantes

São os prejuízos decorrentes do que a vítima deixou de ganhar nos termos da parte final do art. 402 do Código Civil. Trata-se, portanto, de um reflexo futuro do ato danoso sobre o patrimônio da vítima; consiste, segundo Cavalieri[68], na perda do ganho esperável, na frustração da expectativa de lucro, na diminuição potencial do patrimônio da vítima, podendo decorrer não só da paralisação da atividade lucrativa ou produtiva, mas, também, da frustração daquilo que era razoavelmente esperado, como ocorre no caso de acidente de trânsito envolvendo um táxi.

---

(66) TRT 14ª R. — RO 00274.2008.091.14.00-0 — Rel. Juiz Fed. Conv. Shikou Sadahiro — DE 26.2.2009.

(67) *Op. cit.*, p. 71.

(68) *Op. cit.*, p. 72.

Cavalieri[69] ilustra a questão citando um fato do Metrô/RJ realizar obras no Catete, Laranjeiras, Tijuca e em outros bairros, ocasionando a interdição de ruas durante anos para as devidas escavações, acarretando a paralisação do comércio nelas existentes. Os comerciantes acionaram judicialmente o Metrô/RJ em busca do ressarcimento do lucro cessante neste período de paralisação tendo os juízes, no julgamento dos feitos, adotado como critério razoável fixar o lucro (...) cessante com base na média do lucro da empresa nos últimos três anos, apurado em perícia contábil.

Os lucros cessantes, para serem deferidos, devem ser fundados em bases seguras, plausíveis ou verossímeis, de modo a não compreender quantia hipotética[70]. Assim, via de regra, a inabilitação profissional, por si só, é ensejadora de lucros cessantes, seja porque o trabalhador tem reduzidos os ganhos de seu trabalho, seja porque tem inviabilizada a progressão na carreira (estagnação econômica)[71].

A companhia seguradora que procrastina injustificadamente o pagamento a indenização securitária tem o dever de reparar os danos materiais decorrentes dessa conduta culposa, portanto, a seguradora deve indenizar os lucros cessantes do segurado, decorrentes da paralisação do veículo segurado — utilizado para a realização de transportes de cargas — provocada pela demora no pagamento da indenização securitária por período de tempo consideravelmente superior ao contratualmente estabelecido[72].

No tocante aos lucros cessantes diretamente relacionados aos bens imóveis, os tribunais já julgaram quanto ao imóvel locado que "não tendo havido ressarcimento dos danos causados ao imóvel pelo locatário, o autor tem o direito de ser ressarcido pelos valores dos reparos apurados e os lucros cessantes durante o tempo em que não pode ocupá-lo"[73] e, quanto à entrega do "imóvel três meses e um dia depois do dia previsto, isso, de si só, já confere ao titular do direito indenização por lucros cessantes (...), objetivamente, a não entrega do imóvel comercial na data causa gravame ao adquirente, que se vê injustamente privado da utilidade econômica do bem adquirido, o que materializa o prejuízo[74].

2.1.3. *Perda de uma chance*

A perda de uma chance caracteriza-se quando, em virtude da conduta de outrem, desaparece a probabilidade de um evento que possibilitaria um benefício

(69) *Op. cit.*, p. 74.

(70) TJGO — REO 16558-1/195 — 3ª CC — Rel. Des. Felipe Batista Cordeiro — DJe 4.8.2008.

(71) TRT 13ª R. — Proc. 00641.2008.023.13.00-2 — Rel. Juiz Ubiratan Moreira Delgado — DJe 9.3.2009 — p. 13.

(72) TJRS — APC 02198529 — (70022012363) — Caxias do Sul — 5ª C. Cív. — Rel. Juiz Paulo Sérgio Scarparo — J. 23.1.2008.

(73) TACRJ — AC 10138/96 — (Reg. 1255-2) — 8ª C. — Rel. Juiz Jorge Luiz Habib — J. 12.3.1997.

(74) TJDFT — APC 51.323/99 — 4ª T.Cív. — Rel. Des. Mario Machado — DJU 1.12.1999.

futuro para a vítima, como progredir na carreira, arrumar um melhor emprego, deixar de recorrer de uma sentença desfavorável pela falha do advogado[75]. Neste último caso temos a "Aplicação da Teoria da Perda de uma Chance, pois a lesão ao patrimônio jurídico do cliente foi efetivada por conta das condutas omissivas e culposas do patrono, ficando aquele privado dos benefícios de um possível julgamento favorável. Ainda que a natureza jurídica da obrigação de prestação de serviços advocatícios seja de meio, o profissional não está exonerado da responsabilidade quando o insucesso da causa se der em razão da sua má execução culposa, pois a ele foi imposta uma obrigação de empreendimento de certa atividade, cabendo-lhe enveredar todos os esforços possíveis para tanto. O *quantum* indenizatório deve corresponder ao montante equivalente ao qual o cliente deixou de receber, pois a causa que foi culposamente perdida pelos patronos é amplamente admitida, sendo mais do que mera expectativa de direito"[76].

É importante observar, como aponta Fernando Gaburri[77] na obra coletiva intitulada *Responsabilidade Civil*, que "se trate de chance real e séria, passível de proporcionar à vítima efetivas condições de experimentar aquela situação futura esperada, pois, se a chance configurar-se apenas em vaga possibilidade, dever-se-á concluir pela inexistência de sua perda".

Portanto, a indenização por perda de uma chance decorre de uma provável ou possível vantagem que não adveio para a parte em decorrência de ato ilícito ou abuso de direito da parte contrária, devendo ser demonstrada, para a configuração da responsabilidade civil, uma mínima probabilidade de que a vantagem seria obtida, não fosse a prática do ato ilícito ou do abuso de direito[78].

Cavalieri[79] cita o caso em que uma clínica de olhos foi condenada a indenizar o paciente, que sofreu descolamento de retina, não pela cegueira em si, mas pela perda de uma chance de salvar a sua visão, uma vez que, quando procurada, deixou de realizar a cirurgia necessária pela falta de médico profissional disponível na ocasião, cirurgia essa que só foi realizada depois de ultrapassado o período da situação emergencial, quando a lesão da mácula na retina da vista já havia se consolidado.

Desta forma, tem-se que "a responsabilidade civil pela perda de chance não se limita à categoria de danos extrapatrimoniais, pois, conforme as circunstâncias do caso concreto, a chance perdida pode apresentar também a natureza jurídica de dano patrimonial", todavia, frise-se mais uma vez que a chance deve ser séria e real, não ficando adstrita a percentuais apriorísticos[80].

---

(75) *Programa de responsabilidade civil*, p. 75.

(76) TJMS — AC 2005.016846-2/0000-00 — Campo Grande — Rel. Des. Dorival Renato Pavan. Recurso conhecido e provido — J. 29.1.2009.

(77) *Responsabilidade civil*, p. 85.

(78) TJDFT — Proc. 2006071 003375-8 — (366086) — Rel. Des. Natanael Caetano — DJe 20.7.2009 — p. 39.

(79) *Op. cit.*, p. 75, (TJRJ — Ap. 8137/2006 — 9ª Câm. Cível — Rel. Dês. Roberto de Abreu e Silva).

(80) *Vide* CJF, Enunciado n. 444.

Tartuce[81], apoiado em especialistas no tema, explica que os critérios para confi-gurar a perda de chances sérias e reais —, pois a Teoria da Perda de Uma Chance encontra seu limite no caráter de certeza que deve apresentar o dano reparável, razão pela qual a chance perdida deve representar muito mais que uma simples esperança perdida e mais que a reparação da chance perdida pela vítima —, não deve ser igualada à vantagem em que teria resultado esta chance, caso ela tivesse se realizado, pois NUNCA a chance esperada é igual à certeza realizada.

Apesar de não ser esta a orientação do Superior Tribunal de Justiça, comungamos do mesmo pensamento que Rui Stoco[82], que é contra a aplicação da Teoria da Perda de uma Chance pelos seguintes motivos:

> Não há como admitir que outrem substitua o juiz natural da causa para perscrutar o íntimo de sua convicção e fazer um juízo de valor a destempo sobre a "possibilidade" de qual seria a sua decisão, caso a ação fosse julgada e chegasse ao seu termo.
>
> Ora, admitir a possibilidade de o cliente obter reparação por perda de uma chance é o mesmo que aceitar ou presumir que essa chance de ver a ação julgada conduzirá, obrigatoriamente, a uma decisão a ele favorável.
>
> Será também admitir a existência de um dano não comprovado e que não se sabe se ocorreria.
>
> Ademais de se caracterizar em **verdadeira futurologia empírica, mais grave ainda é admitir que alguém possa ser responsabilizado por um resultado que não ocorreu** e, portanto, por um dano hipotético **e, em última *ratio*, não verificado ou demonstrado e sem concreção.**
>
> Por fim, a maior heresia será admitir que o profissional, em uma obrigação contratual de meios seja responsabilizado pelo resultado. Seria, data vênia, *a summa contraditio.* (grifos nossos)

3. *DANO MATERIAL REFLEXO OU POR RICOCHETE OU INDIRETO*

É aquele que atinge REFLEXAMENTE pessoa próxima ligada à vítima direta da conduta danosa. O exemplo clássico na doutrina é o caso do ex-marido

(81) O autor na 5ª edição da obra *Direito civil,* v. 2, p. 425, mantém sua opinião contrária à Teoria da Perda de uma Chance por entender que esta trata de danos hipotéticos ou eventuais, e não como exigido pelo Código Civil — o dano certo, presente e efetivo, razão pela qual concordamos com o grande civilista em gênero, número e grau. Todavia, não é este o posicionamento do STJ, *verbis*: "Recurso Especial. Indenização. Impropriedade de pergunta formulada em programa de televisão. Perda da oportunidade. 1. O questionamento, em programa de perguntas e respostas, pela televisão, sem viabilidade lógica, uma vez que a Constituição Federal não indica percentual relativo às terras reservadas aos índios, acarreta, como decidido pelas instâncias ordinárias, a impossibilidade da prestação por culpa do devedor, impondo o dever de ressarcir o participante pelo que razoavelmente haja deixado de lucrar, pela perda da oportunidade. 2. Recurso conhecido e, em parte, provido" (STJ, REsp. n. 788.459/BA, Rel. Min. Fernando Gonçalves, 4ª Turma, j. 8.11.2005, DJ 13.3.2006. p. 334).

(82) *Tratado de responsabilidade civil*. 8. ed. São Paulo: RT, 2011. p. 581.

profissional liberal que paga pensão à ex-esposa, em virtude de separação judicial, e que, ao sofrer um acidente, fica incapacitado para o trabalho ou falece. Neste caso, do ex-marido ter sofrido diretamente o dano, a ex-mulher sofre uma perda reflexa por conta de não receber mais a pensão. Assim, poderá o terceiro prejudicado acionar diretamente o causador do dano, fazendo prova, evidentemente, deste prejuízo reflexo.

4. *Dano moral*

4.1. Conceito

Mais uma vez o sempre citado em nossa obra, o professor Cavalieri[83], aduz que todos os conceitos doutrinários a respeito do dano moral devem ser revistos a partir da ótica da Constituição Federal, segundo o autor, há conceitos para todos os gostos, desde aqueles que partem do conceito por exclusão, ou seja, de que o **dano moral é aquele que não é material**, cujo conteúdo não é pecuniário, bem como aqueles que preferem um conteúdo positivo, ou seja, de que **dano moral é dor, vexame, sofrimento, desconforto, humilhação, dor da alma.**

Carlos Roberto Gonçalves[84] esclarece que "o dano moral não é propriamente a dor, a angústia, o desgosto, a aflição espiritual, a humilhação, o complexo que sofre a vítima do evento danoso, pois **esses estados de espírito constituem o conteúdo, ou melhor, a consequência do dano**". Portanto, o dano moral indenizável não pressupõe necessariamente a verificação de sentimentos humanos desagradáveis como dor e sofrimento[85].

Há quem conceitue o dano moral como "aquele que lesiona a esfera personalíssima da pessoa (seus direitos da personalidade)"[86], observando-se, entretanto, que os direitos da personalidade têm a característica de serem ilimitados, uma vez que há direitos como a opção sexual que não está expressamente expresso nos arts. 11 a 21 do Código Civil.

Note-se que a Constituição Federal estatui como seu fundamento a dignidade da pessoa humana (art. 1º, III). Neste sentido, Cavalieri[87] observa que o dano moral é a violação do direito à dignidade (sentido estrito) e em sentido amplo pode envolver diversos graus de violação dos direitos da personalidade, abrangendo todas as ofensas à pessoa, considerada esta em suas dimensões individual e social, ainda que sua dignidade não seja arranhada.

---

(83) *Op. cit.*, p. 76.
(84) *Direito civil brasileiro*, v. IV, p. 359.
(85) Cf. Enunciado n. 445 do CJF.
(86) STOLZE, Pablo; PAMPLONA FILHO, Rodolfo. *Novo curso de direito civil*, v. III, p. 55.
(87) *Op. cit.*, p. 76-77.

Por fim, há de se compreender que o mero dissabor, aborrecimento, mágoa, irritação ou sensibilidade exacerbada estão fora da órbita do dano moral, porquanto, além de fazerem parte da normalidade do nosso dia a dia, sendo esta a orientação do Enunciado n. 159 da III Jornada de Direito Civil do CJF, *verbis*: "O dano moral, assim compreendido todo o dano extrapatrimonial, não se caracteriza quando há mero aborrecimento inerente a prejuízo material"(88).

No mesmo sentido é a orientação da Súmula n. 385 do STJ: "Da anotação irregular em cadastro de proteção ao crédito, não cabe indenização por dano moral, quando preexistente legítima inscrição, ressalvado o direito de cancelamento" em face do mero aborrecimento.

Assevera Tartuce(89) quanto à necessidade ou não de prova que o dano moral subjetivo é aquele que necessita ser comprovado pelo autor da demanda, nos termos do art. 333, I do CPC, e que o dano moral objetivo ou presumido *in re ipsa* é aquele que não necessita de prova decorre do simples fato da violação, como, por exemplo, nos casos de morte de familiar, de amputações e abalo de crédito(90), *verbis:*

> STJ, Súmula n. 370. Caracteriza dano moral a apresentação antecipada de cheque pré-datado.
>
> STJ, Súmula n. 388. A simples devolução indevida de cheque caracteriza dano moral.

Entretanto, a orientação do Conselho de Justiça Federal dada pelo Enunciado n. 455 sugere que:

> Embora o reconhecimento dos danos morais se dê, em numerosos casos, independentemente de prova (*in re ipsa*), para a sua adequada quantificação, deve o juiz investigar, sempre que entender necessário, as circunstâncias do caso concreto, inclusive por intermédio da produção de depoimento pessoal e da prova testemunhal em audiência.

Neste sentido, interessante o julgado do TRT da 19ª Região: "é cabível a indenização por danos estéticos e morais quando o acidente sofrido pelo empregado decorreu do labor exercido durante sua jornada de trabalho, gerando lesão que

---

(88) Neste sentido é a orientação dos nossos tribunais, *verbis*: "(...) O fato que dá ensejo à reparação por dano moral é aquele que causa abalo psíquico relevante à vítima que sofreu lesão aos direitos da personalidade como o nome, a honra, a imagem, a dignidade, ou à sua integridade física, entre outros. 2 — Não é passível de reparação, portanto, o mero dissabor sofrido pela pessoa, se a ação ou omissão de outrem não causar maiores repercussões em sua esfera psíquica ou no meio social em que vive, especialmente quando o conteúdo da correspondência extraviada não resultou em nenhuma ofensa aos direitos da personalidade do autor. 3 — Hipótese em que, da falha do serviço da ré não resultaram maiores consequências, além do alegado constrangimento, incapaz, por si só, de configurar dano moral passível de reparação, não havendo comprovação, também, de qualquer dano material. 4 — Sentença mantida. 5 — Apelação desprovida" (TRF 1ª R. — AC 2002.33.00.018712-9/BA — 6ª T. — Rel. Des. Fed. Daniel Paes Ribeiro — DJe 16.3.2009 — p. 204).

(89) *Op. cit.*, p. 398.

(90) Em se tratando de dano moral, em casos de manutenção indevida em cadastros de inadimplentes, doutrina e jurisprudência dizem que basta a prova do fato, não havendo necessidade de demonstrar-se o sofrimento moral, mesmo porque tal é praticamente impossível. (TRF 4ª R. — AC 2002.72.00.004883-8 — 4ª T. — Rel. Sérgio Renato Tejada Garcia — DJ 15.12.2008).

implicou na redução permanente e gradativa de sua capacidade laborativa, infortúnio decorrente de dolo do empregador ou, ao menos, de omissão culposa por falta de fiscalização. Resta evidenciado o nexo causal com o dano físico, moral e estético sofrido pelo empregado, já que este ocorreu em face do labor exercido durante sua jornada de trabalho. O argumento patronal de que a suspensão do contrato de trabalho pelo gozo de benefício previdenciário não gerou a perda do emprego não pode elidir a configuração do dano moral. Acaso a empresa pretende convencer este colegiado de que um acidente de trabalho, que levou à amputação de uma perna, não ocasionou dor emocional e sofrimento psíquico ao empregado? Ou que um cidadão economicamente ativo não experimenta profunda dor ao ser aposentado por invalidez aos 31 anos de idade? Tais argumentos são pífios! Decorreram de uma lamentável falta de sensibilidade dos causídicos da reclamada. Os danos morais e materiais são cabíveis"(91).

Por esta ótica é oportuno lembrar que "o descumprimento de contrato pode gerar dano moral quando envolver valor fundamental protegido pela Constituição Federal de 1988"(92), o que significa dizer que "o simples descumprimento do dever legal ou contratual, em princípio, não configura dano moral"(93).

O STJ, em julho 2012(94), divulgou como notícia em seu *site* as situações em que o dano moral pode ser presumido, *verbis*:

> a) Cadastro de inadimplentes:
>
> No caso do dano *in re ipsa*, não é necessária a apresentação de provas que demonstrem a ofensa moral da pessoa. O próprio fato já configura o dano. Uma das hipóteses é o dano provocado pela inserção de nome de forma indevida em cadastro de inadimplentes.
>
> Serviço de Proteção ao Crédito (SPC), Cadastro de Inadimplência (Cadin) e Serasa, por exemplo, são bancos de dados que armazenam informações sobre dívidas vencidas e não pagas, além de registros como protesto de título, ações judiciais e cheques sem fundos. Os cadastros dificultam a concessão do crédito, já que, por não terem realizado o pagamento de dívidas, as pessoas recebem tratamento mais cuidadoso das instituições financeiras.

---

(91) TRT 19ª R. — RO 00765.2007.058.19.00-8 — Rel. Des. Severino Rodrigues — DJe 16.7.2008.

(92) Cf. Enunciado n. 411 do CJF.

(93) Cf. Enunciado n. 52 do II Fórum de Juizados Especiais Cível de São Paulo, bem como o entendimento dos demais Tribunais, *verbis*:

"CIVIL — CONTRATOS — DESCUMPRIMENTO — DANO MORAL — INEXISTÊNCIA SE FUNDADO APENAS NO DESCUMPRIMENTO — NECESSIDADE DE PROVAS — SENTENÇA REFORMADA — 1 — O descumprimento contratual não gera por si só, danos morais, sendo imprescindível para o acolhimento do pedido, a demonstração cabal dos efeitos do descumprimento na esfera psicológica da parte que alega. 2 — Sentença reformada. Dano moral inexistente. Pedido rejeitado" (TJRO — R. Cív. 01320060015473 — T.R. — Relª Maria Abadia de Castro Mariano Soares Lima — J. 10.12.2007).

(94) Disponível em: <http://www.stj.jus.br/portal_stj/publicacao/engine.wsp?tmp.area=398&tmp.texto=106255&utm_source=agencia&utm_medium=email&utm_campaign=pushsco>.

Uma pessoa que tem seu nome sujo, ou seja, inserido nesses cadastros, terá restrições financeiras. Os nomes podem ficar inscritos nos cadastros por um período máximo de cinco anos, desde que a pessoa não deixe de pagar outras dívidas no período.

No STJ, é consolidado o entendimento de que "a própria inclusão ou manutenção equivocada configura o dano moral *in re ipsa*, ou seja, dano vinculado à própria existência do fato ilícito, cujos resultados são presumidos" (Ag 1.379.761).

Esse foi também o entendimento da Terceira Turma, em 2008, ao julgar um recurso especial envolvendo a Companhia Ultragaz S/A e uma microempresa (REsp 1.059.663). No julgamento, ficou decidido que a inscrição indevida em cadastros de inadimplentes caracteriza o dano moral como presumido e, dessa forma, dispensa a comprovação mesmo que a prejudicada seja pessoa jurídica.

b) Responsabilidade bancária:

Quando a inclusão indevida é feita em consequência de serviço deficiente prestado por uma instituição bancária, a responsabilidade pelos danos morais é do próprio banco, que causa desconforto e abalo psíquico ao cliente.

O entendimento foi da Terceira Turma, ao julgar recurso especial envolvendo um correntista do Unibanco. Ele quitou todos os débitos pendentes antes de encerrar sua conta e, mesmo assim, teve seu nome incluído nos cadastros de proteção ao crédito, causando uma série de constrangimentos (REsp 786.239).

A responsabilidade também é atribuída ao banco quando talões de cheques são extraviados e, posteriormente, utilizados por terceiros e devolvidos, culminando na inclusão do nome do correntista em cadastro de inadimplentes (Ag 1.295.732 e REsp 1.087.487). O fato também caracteriza defeito na prestação do serviço, conforme o art. 14 do Código de Defesa do Consumidor (CDC).

O dano, no entanto, não gera dever de indenizar quando a vítima do erro já possui registros anteriores, e legítimos, em cadastro de inadimplentes. Neste caso, diz a Súmula n. 385 do STJ que a pessoa não pode se sentir ofendida pela nova inscrição, ainda que equivocada.

c) Atraso de voo:

Outro tipo de dano moral presumido é aquele que decorre de atrasos de voos, inclusive nos casos em que o passageiro não pode viajar no horário programado por causa de *overbooking*. A responsabilidade é do causador, pelo desconforto, aflição e transtornos causados ao passageiro que arcou com o pagamento daquele serviço, prestado de forma defeituosa.

Em 2009, ao analisar um caso de atraso de voo internacional, a Quarta Turma reafirmou o entendimento de que "o dano moral decorrente de atraso de voo prescinde de prova, sendo que a responsabilidade de seu causador opera-se *in re ipsa*" (REsp 299.532).

O transportador responde pelo atraso de voo internacional, tanto pelo Código de Defesa do Consumidor como pela Convenção de Varsóvia, que unifica as regras sobre o transporte aéreo internacional e enuncia: "Responde o transportador pelo dano proveniente do atraso, no transporte aéreo de viajantes, bagagens ou mercadorias.

Dessa forma, "o dano existe e deve ser reparado. O descumprimento dos horários, por horas a fio, significa serviço prestado de modo imperfeito que enseja reparação", finalizou o relator, o então desembargador convocado Honildo Amaral.

A tese de que a responsabilidade pelo dano presumido é da empresa de aviação foi utilizada, em 2011, pela Terceira Turma, no julgamento de um agravo de instrumento que envolvia a empresa TAM. Nesse caso, houve *overbooking* e atraso no embarque do passageiro em voo internacional.

O ministro relator, Paulo de Tarso Sanseverino, enfatizou que "o dano moral decorre da demora ou dos transtornos suportados pelo passageiro e da negligência da empresa, pelo que não viola a lei o julgado que defere a indenização para a cobertura de tais danos" (Ag 1.410.645).

d) Diploma sem reconhecimento:

Alunos que concluíram o curso de Arquitetura e Urbanismo da Universidade Católica de Pelotas, e não puderam exercer a profissão por falta de diploma reconhecido pelo Ministério da Educação, tiveram o dano moral presumido reconhecido pelo STJ (REsp 631.204).

Na ocasião, a relatora, ministra Nancy Andrighi, entendeu que, por não ter a instituição de ensino alertado os alunos sobre o risco de não receberem o registro de diploma na conclusão do curso, justificava-se a presunção do dano, levando em conta os danos psicológicos causados. Para a Terceira Turma, a demora na concessão do diploma expõe ao ridículo o "pseudoprofissional", que conclui o curso mas se vê impedido de exercer qualquer atividade a ele correlata.

O STJ negou, entretanto, a concessão do pedido de indenização por danos materiais. O fato de não estarem todos os autores empregados não poderia ser tido como consequência da demora na entrega do diploma. A relatora, ministra Nancy Andrighi, explicou, em seu voto, que, ao contrário do dano moral, o dano material não pode ser presumido. Como não havia relatos de que eles teriam sofrido perdas reais com o atraso do diploma, a comprovação dos prejuízos materiais não foi feita.

e) Equívoco administrativo:

Em 2003, a Primeira Turma julgou um recurso especial envolvendo o Departamento Autônomo de Estradas de Rodagem do Rio Grande do Sul (DAER/RS) e entendeu que danos morais provocados por equívocos em atos administrativos podem ser presumidos.

Na ocasião, por erro de registro do órgão, um homem teve de pagar uma multa indevida. A multa de trânsito indevidamente cobrada foi considerada pela Terceira Turma, no caso, como indenizável por danos morais e o órgão foi condenado ao pagamento de dez vezes esse valor. A decisão significava um precedente para "que os atos administrativos sejam realizados com perfeição, compreendendo a efetiva execução do que é almejado" (Resp 608.918).

Para o relator, ministro José Delgado, "o cidadão não pode ser compelido a suportar as consequências da má organização, abuso e falta de eficiência daqueles que devem, com toda boa vontade, solicitude e cortesia, atender ao público".

De acordo com a decisão, o dano moral presumido foi comprovado pela cobrança de algo que já havia sido superado, colocando o licenciamento do automóvel sob condição do novo pagamento da multa. "É dever da administração pública primar pelo atendimento ágil e eficiente de modo a não deixar prejudicados os interesses da sociedade", concluiu.

f) Credibilidade desviada:

A inclusão indevida e equivocada de nomes de médicos em guia orientador de plano de saúde gerou, no STJ, o dever de indenizar por ser dano presumido. Foi esse o posicionamento da Quarta Turma ao negar recurso especial interposto pela Assistência Médica Internacional (Amil) e Gestão em Saúde, em 2011.

O livro serve de guia para os usuários do plano de saúde e trouxe o nome dos médicos sem que eles fossem ao menos procurados pelo representante das seguradoras para negociações a respeito de credenciamento junto àquelas empresas. Os profissionais só ficaram sabendo que os nomes estavam no documento quando passaram a receber ligações de pacientes interessados no serviço pelo convênio.

Segundo o ministro Luis Felipe Salomão, relator do recurso especial, "a própria utilização indevida da imagem com fins lucrativos caracteriza o dano, sendo dispensável a demonstração do prejuízo material ou moral" (REsp 1.020.936).

No julgamento, o ministro Salomão advertiu que a seguradora não deve desviar credibilidade dos profissionais para o plano de saúde, incluindo indevidamente seus nomes no guia destinado aos pacientes. Esse ato "constitui dano presumido à imagem, gerador de direito à indenização, salientando-se, aliás, inexistir necessidade de comprovação de qualquer prejuízo", acrescentou.

4.2. Espécies de dano moral — direto e indireto

A doutrina faz a distinção entre dano moral direto e indireto para demonstrar exatamente o âmbito da repercussão que o dano moral pode produzir, não sendo unânime quanto à denominação, chamando alguns de danos morais puros ou diretos e danos morais impuros, indiretos ou reflexos.

Dano moral direto é aquele que ofende qualquer dos direitos da personalidade. Já o dano moral indireto ou reflexo é aquele que ofende algum bem patrimonial da pessoa, impedindo o uso, gozo ou disposição, gerando, por via de consequência, uma ofensa a um interesse não patrimonial do homem; assim também se pronunciou Eduardo Zanoni(95): "Será indireto se a lesão a um interesse tendente à satisfação ou gozo de bens jurídicos patrimoniais produz, além disso, o menoscabo a um bem não patrimonial".

Por fim, o dano moral indireto ou reflexo é aquele que atinge a pessoa de forma reflexa, como nos casos de morte de uma pessoa da família ou próxima (no caso de afilhada), desde que se comprove o vínculo afetivo ou nos casos de perda de objetos de estima como alianças e animais de estimação. A importância dessa distinção está em que os bens não patrimoniais constituem fontes de interesses patrimoniais e vice-versa(96).

Bittar(97) diz que "é comum a interpenetração entre danos morais e patrimoniais, exatamente porque de bens patrimoniais resultam satisfações morais e, de outro lado, da respectiva higidez psicossomática depende a obtenção de novas utilidades econômicas". E prossegue o saudoso jurista demonstrando as consequên-

---

(95) *Apud* STOCO, Rui. *Tratado de responsabilidade civil...*, p. 1.365.

(96) O exemplo de que bens de interesses não patrimoniais constituem fontes de interesses patrimoniais é de Aparecida Amarante (*Op. cit.*, p. 258), *verbis:* "É o caso de um profissional liberal (médico, dentista, advogado...) que, além de sua competência técnica, possui qualidades morais outras e, por isso, goza da confiança de sua clientela, em decorrência da qual torna-se uma pessoa economicamente bem sucedida". E a respeito de que a lesão a bens patrimoniais podem acarretar danos morais, filiamo-nos aos argumentos de Wilson Melo (*Op. cit.*, p. 318-319), que se faz no sentido de que "o patrimônio econômico é o meio pelo qual todos nós procuramos atingir a plenitude de nosso patrimônio ideal. Os bens, suscetíveis de valores econômicos, facilitando as trocas e nos possibilitando a aquisição de instrumentos de prazeres físicos e morais, é que nos permitem a caminhada rumo ao supremo ideal de conforto físico e de paz íntima", ou seja, a lesão a bens materiais ou patrimoniais capazes de nos proporcionar um certo prazer ou pelo qual tenhamos afeição (como por exemplo, perda do anel de noivado) são capazes de acarretar dor moral.

(97) *Reparação civil por danos morais,* p. 47-51.

cias de um fato danoso em que uma ação pode estar voltada para um certo fim e nele exaurir suas potencialidades ou ultrapassar os limites da esfera não patrimonial. A exemplo disso, são as consequências da ofensa à honra subjetiva por meio da injúria que atinge o lesado, no seu psiquismo, submetendo-o a sensações desagradáveis, pessoais ou sociais, causando trauma, menoscabo pessoal e sob o aspecto da consideração social: perda de afeição entre amigos ou parentes, afastamento de clientes e outros feitos; ou ultrapassando os limites extrapatrimoniais, gerando perdas sob o prisma patrimonial, tais como perda de oportunidades que se oferecem no momento ou não da efetivação de operações materiais vantajosas.

4.3. Pessoa jurídica e dano moral

O STJ se posicionou no sentido de que a pessoa jurídica pode sofrer dano moral (Súmula n. 227). O Código Civil, por sua vez, ratificou o entendimento asseverando no art. 52 que se aplica à pessoa jurídica, no que couber, a proteção dos direitos da personalidade.

Em se tratando de pessoa jurídica, apenas é possível a indenização por dano moral quando a imagem destas perante o público, seus empregados ou seus fornecedores restar comprometida de forma objetiva por eventual ato ilícito que contra esta tenha sido praticado, uma vez que, em relação às pessoas jurídicas, não é possível se falar em sentimentos, tranquilidade ou paz de espírito[98]. Assim, evidenciada a existência de críticas e afirmações capazes de abalar a imagem da empresa perante seus consumidores locais, a pessoa jurídica deve ser indenizada por danos morais[99].

Ainda que não haja dúvida quanto à possibilidade de a pessoa jurídica figurar no polo ativo de ação de reparação por danos morais, o sucesso da sua pretensão indenizatória depende de prova mínima da repercussão do fato danoso no dia a dia da empresa, quer pela diminuição ou perda de credibilidade da imagem que projetava e de seu bom nome, quer pela diminuição de seus rendimentos. À míngua de prova de um dos pressupostos da responsabilidade civil, cujo ônus incumbe ao autor, nos termos do art. 333, I, do Código de Processo Civil, inexiste o dever de indenizar[100].

5. *Dano estético*

É aquele que atinge o aspecto físico da pessoa humana, mediante modificações permanentes ou duradouras em sua aparência, implicando em lesão à beleza física,

(98) TRF 2ª R. — AC 2006.51.07.000418-3 — 8ª T.Esp. — Rel. Juiz Fed. Raldênio Bonifácio Costa — DJU 20.12.2007 — p. 19.

(99) TJRO — AC-RA 100.003.2005.003249-9 — 2ª C.Cív. — Rel. Des. Marcos Alaor Diniz Grangeia — J. 13.12.2006.

(100) TJSC — AC 2005.023106-4 — Rel. Des. Luiz Carlos Freyesleben — J. 7.12.2006.

traduzida na quebra de harmonia das formas externas de outrem, ou seja, em sua imagem, prejudicando ou não sua capacidade laborativa[(101)].

Compreende, portanto, o aleijão (amputação de membros ou órgãos), deformidade (cicatrizes, feridas, etc.), além de outras marcas capazes de trazer à vítima desgosto, complexo de inferioridade ou exposição a situações desagradáveis. Deste modo, a obrigação de indenizar o dano estético não é exclusividade das pessoas que vivem à custa de sua imagem, como os atores e modelos, pois o afeamento ou a deformidade física, bem assim a impotência funcional de certo membro causada por doença laboral, causa mal-estar e abalo psíquico a qualquer cidadão comum e constitui dano perfeitamente passível de indenização[(102)].

Respeitáveis juristas entendem que não se trata de uma terceira modalidade de dano, mas, apenas, um aspecto do dano moral ou material, pois a dor, humilhação, tristeza causadas pelo dano estético são reparáveis por meio do dano moral, ao passo que, com o avanço da medicina, o dano estético pode ser reparado por cirurgias plásticas, indenizando-se, então, por meio do dano material.

A exemplo deste posicionamento citamos o professor e desembargador do TJRJ, Sérgio Cavalieri, *verbis*: "Embora tenha acolhido esse entendimento como julgador para evitar desnecessários recursos especiais, em sede doutrinária continuo convicto de que o dano estético é modalidade do dano moral e que tudo se resume a uma questão de arbitramento"[(103)].

Rui Stoco ensina que, em regra, o dano à estética pessoal é espécie do gênero dano moral. Se acarretar um dano moral, entende esse autor pela impossibilidade de cumulação de pedido de indenizações, pois configuraria uma hipótese de *bis in idem*[(104)].

Note-se que, segundo vertente doutrinária e jurisprudencial dominantes, entende-se por dano moral a ofensa à honra subjetiva do agravado, portanto, atingindo sua integridade psíquica, enquanto que o estético se caracteriza pela deformidade corporal, externa, que causa repulsa ao próprio ofendido e a quem o observa. Nessa seara, tem-se entendido distintos os dois institutos, configurando--lhes como independentes um do outro, podendo ensejar reparações distintas e cumuláveis, embora resultantes do mesmo fato gerador[(105)].

Nos casos de acidente de trabalho em que se verifique haver o obreiro sofrido perda parcial e permanente de sua capacidade laborativa, ser-lhe-á devida pensão a título de dano material compatível com o grau da depreciação de sua aptidão para o trabalho. Se ainda for constatada a superveniência de alteração morfológica

---

(101) GABURRI, Fernando. *Responsabilidade civil*. São Paulo: RT, 2008. v. 5, p. 101.

(102) TRT 23ª R. — RO 00145.2007.003.23.00-9 — Rel. Des. Osmair Couto — J. 4.2.2009.

(103) *Op. cit.*, p. 98.

(104) *Apud* TARTUCE, *Op. cit.*, p. 419.

(105) TRT 22ª R. — RXOFRO 01452-2007-001-22-00-0 — Rel. Fausto Lustosa Neto — DJT/PI 5.12.2008.

decorrente das lesões perpetradas, mesmo que de pequenas proporções, restará configurado também o dano estético, que é passível de reparabilidade autônoma[(106)].

O STJ[(107)] já se posicionou que o dano estético é algo distinto do dano moral, pois há no primeiro uma alteração morfológica de formação corporal que agride a visão, causando desagrado e repulsa. Já no dano moral há um sofrimento mental — dor da mente psíquica, pertencente ao foro íntimo. O dano estético seria visível, porque concretizado na deformidade. Neste sentido editou a Súmula n. 387, *verbis*: "É lícita a cumulação das indenizações de dano estético e moral". No mesmo sentido é a orientação dada pelo Enunciado n. 192 do CJF, *verbis*: "Os danos oriundos das situações previstas nos arts. 949 e 950 do Código Civil de 2002 devem ser analisados em conjunto, para o efeito de atribuir indenização por perdas e danos materiais, cumulada com dano moral e estético".

6. Danos difusos e coletivos

O Superior Tribunal de Justiça tem inovado e avançado a jurisprudência a respeito do dano moral coletivo e com certeza será objeto de cobrança nos concursos públicos, inclusive no exame da OAB. Assim, conforme se verifica das notícias do STJ — O Tribunal da Cidadania[(108)], *verbis*:

> **Dano moral coletivo avança e inova na jurisprudência do STJ**
>
> A possibilidade de indenização por dano moral está prevista na Constituição Federal, em seu art. 5º, inciso V. O texto não restringe a violação à esfera individual, e mudanças históricas e legislativas têm levado a doutrina e a jurisprudência a entender que, quando são atingidos valores e interesses fundamentais de um grupo, não há como negar a essa coletividade a defesa do seu patrimônio imaterial.
>
> O dano moral coletivo é a lesão na esfera moral de uma comunidade, isto é, a violação de valores coletivos, atingidos injustificadamente do ponto de vista jurídico. Essas ações podem tratar de dano ambiental (lesão ao equilíbrio ecológico, à qualidade de vida e à saúde da coletividade), desrespeito aos direitos do consumidor (por exemplo, por publicidade abusiva), danos ao patrimônio histórico e artístico, violação à honra de determinada comunidade (negra, judaica, japonesa, indígena etc.) e até fraude a licitações.

---

(106) TRT 14ª R. — RO 00013.2007.111.14.00-9 — Relª Juíza Socorro Miranda — DJe 18.12.2007.

(107) STJ, REsp 65.393/RJ, Rel. Min. Ruy Rosado de Aguiar, j. 30.10.2005 e REsp. 84.752/RJ, Min. Ari Pargendler, j. 21.10.2000.

(108) Disponível em: <http://www.stj.jus.br/portal_stj/publicacao/engine.wsp?tmp.area=398&tmp.texto=106083&tmp.area_anterior=44&tmp.argumento_pesquisa=dano moral coletivo>.

A ministra do Superior Tribunal de Justiça (STJ) Nancy Andrighi vê no Código de Defesa do Consumidor um divisor de águas no enfrentamento do tema. No julgamento do Recurso Especial (REsp) 636.021, em 2008, a ministra afirmou que o art. 81 do CDC rompeu com a tradição jurídica clássica, de que só indivíduos seriam titulares de um interesse juridicamente tutelado ou de uma vontade protegida pelo ordenamento.

Com o CDC, "criam-se direitos cujo sujeito é uma coletividade difusa, indeterminada, que não goza de personalidade jurídica e cuja pretensão só pode ser satisfeita quando deduzida em juízo por representantes adequados", explicou Andrighi, em seu voto.

Na mesma linha, a ministra citou o Estatuto da Criança e do Adolescente, que no art. 208 permite que o Ministério Público ajuíze ações de responsabilidade por ofensa aos direitos assegurados à criança e ao adolescente. A ministra classifica como inquestionável a existência, no sistema legal brasileiro, dos interesses difusos e coletivos.

Uma das consequências dessa evolução legislativa seria o reconhecimento de que a lesão a um bem difuso ou coletivo corresponde a um dano não patrimonial. Dano que, para a ministra, deve encontrar uma compensação.

"Nosso ordenamento jurídico não exclui a possibilidade de que um grupo de pessoas venha a ter um interesse difuso ou coletivo de natureza não patrimonial lesado, nascendo aí a pretensão de ver tal dano reparado. Nosso sistema jurídico admite, em poucas palavras, a existência de danos extrapatrimoniais coletivos, ou, na denominação mais corriqueira, de danos morais coletivos", concluiu Andrighi.

Vinculação individual

A posição da ministra Andrighi encontra eco nos Tribunais, mas a ocorrência do dano moral coletivo é, ainda hoje, polêmica no STJ. Caso a caso, os ministros analisam a existência desse tipo de violação, independentemente de os atos causarem efetiva perturbação física ou mental em membros da coletividade. Ou seja, é possível a existência do dano moral coletivo mesmo que nenhum indivíduo sofra, de imediato, prejuízo com o ato apontado como causador?

Em 2009, a Primeira Turma negou um recurso em que se discutia a ocorrência de dano moral coletivo porque entendeu "necessária sua vinculação com a noção de dor, sofrimento psíquico e de caráter individual, incompatível, assim, com a noção de transindividualidade — indeterminabilidade do sujeito passivo, indivisibilidade da ofensa e de reparação da lesão" (REsp 971.844).

Naquele caso, o Ministério Público Federal pedia a condenação da empresa Brasil Telecom por ter deixado de manter postos de atendimento pessoal aos usuários em todos os municípios do Rio Grande do Sul, o que teria violado o direito dos consumidores à prestação de serviços telefônicos com padrões de qualidade e regularidade adequados à sua natureza.

O relator, ministro Teori Zavascki, destacou que o acórdão do Tribunal Regional Federal da 4ª Região considerou que eventual dano moral, nesses casos, se limitaria a atingir pessoas individuais e determinadas. Entendimento que estava de acordo com outros precedentes da Turma.

Em 2006, Zavascki também havia relatado outro recurso que debateu a ocorrência de dano moral coletivo. O caso se referia a dano ambiental cometido pelo município de Uberlândia (MG) e por uma empresa imobiliária, durante a implantação de um loteamento.

A Turma reafirmou seu entendimento de que a vítima do dano moral deve ser, necessariamente, uma pessoa. "Não existe 'dano moral ao meio ambiente'. Muito menos ofensa moral aos mares, rios, à Mata Atlântica ou mesmo agressão moral a uma coletividade ou a um grupo de pessoas não identificadas. A ofensa moral sempre se dirige à pessoa enquanto portadora de individualidade própria; de um *vultus* singular e único" (REsp 598.281).

Contudo, o voto dos ministros Luiz Fux e Delgado foram no sentido de se admitir a reparação por dano moral ao meio ambiente, neste sentido, manifestamos aqui nosso apoio na defesa desta linha de pensamento em se admitir a reparação por dano moral ambiental.

Dano não presumível

Em outro julgamento ocorrido na Primeira Turma, em 2008, o relator do recurso, ministro Luiz Fux, fez ponderações a respeito da existência de dano moral coletivo. Naquele caso, o Ministério Público pedia a condenação de empresa que havia fraudado uma licitação a pagar dano moral coletivo ao município de Uruguaiana (RS) (REsp 821.891).

Em primeira instância, a juíza havia entendido que "por não se tratar de situação típica da existência de dano moral puro, não há como simplesmente presumi-la. Seria necessária prova no sentido de que a municipalidade, de alguma forma, tenha perdido a consideração e a respeitabilidade" e que a sociedade efetivamente tenha sido lesada e abalada moralmente.

Na apelação, o dano coletivo também foi repelido. "A fraude à licitação não gerou abalo moral à coletividade. Aliás, o nexo causal, como pressuposto basilar do dano moral, não exsurge a fim de determiná-lo, levando ao entendimento de que a simples presunção não pode sustentar a condenação pretendida". Ao negar o recurso, o ministro Fux afirmou que é preciso haver a comprovação de efetivo prejuízo para superar o caráter individual do dano moral.

Prova prescindível

Em dezembro de 2009, ao julgar na Segunda Turma um recurso por ela relatado, a ministra Eliana Calmon reconheceu que a reparação de dano moral coletivo é tema bastante novo no STJ. Naquele caso, uma concessionária do serviço de transporte público pretendia condicionar a utilização do benefício do acesso gratuito de idosos no transporte coletivo (passe livre) ao prévio cadastramento, apesar de o Estatuto do Idoso exigir apenas a apresentação de documento de identidade (REsp 1.057.274).

A ação civil pública, entre outros pedidos, pleiteava a indenização do dano moral coletivo. A ministra reconheceu os precedentes que afastavam a possibilidade de se configurar tal dano à coletividade, porém asseverou que a posição não poderia mais ser aceita. "As relações jurídicas caminham para uma massificação, e a lesão aos interesses de massa não pode ficar sem reparação, sob pena de criar-se litigiosidade contida que levará ao fracasso do direito como forma de prevenir e reparar os conflitos sociais", ponderou.

A Segunda Turma concluiu que o dano moral coletivo pode ser examinado e mensurado. Para Calmon, o dano extrapatrimonial coletivo prescindiria da prova da dor, sentimento ou abalo psicológico sofridos pelos indivíduos. "É evidente que uma coletividade de índios pode sofrer ofensa à honra, à sua dignidade, à sua boa reputação, à sua história, costumes e tradições", disse a ministra.

A dor, a repulsa, a indignação não são sentidas pela coletividade da mesma forma como pelos indivíduos, explicou a relatora: "Estas decorrem do sentimento coletivo de participar de determinado grupo ou coletividade, relacionando a própria individualidade à ideia do coletivo". A ministra citou vários doutrinadores que já se pronunciaram pela pertinência e necessidade de reparação do dano moral coletivo.

Dano ambiental

Em dezembro de 2010, a Segunda Turma voltou a enfrentar o tema, desta vez em um recurso relativo a dano ambiental. Os ministros reafirmaram o entendimento de que a necessidade de reparação integral da lesão causada ao meio ambiente permite a cumulação de obrigações de fazer e indenizar (REsp 1.180.078).

No caso, a ação civil pública buscava a responsabilização pelo desmatamento de área de mata nativa. O degradador foi condenado a reparar o estrago, mas até a questão chegar ao STJ, a necessidade de indenização por dano moral coletivo não havia sido reconhecida.

O relator, ministro Herman Benjamin, destacou que a reparação ambiental deve ser feita da forma mais completa. "A condenação a recuperar a área lesionada não exclui o dever de indenizar", disse Benjamin, sobretudo pelo dano interino (o que permanece entre o fato e a reparação), o dano residual e o dano moral coletivo.

"A indenização, além de sua função subsidiária (quando a reparação *in natura* não for total ou parcialmente possível), cabe de forma cumulativa, como compensação pecuniária pelos danos reflexos e pela perda da qualidade ambiental até a sua efetiva restauração", explicou o ministro Benjamin. No mesmo sentido julgou a Turma no REsp 1.178.294, da relatoria do ministro Mauro Campbell.

Atendimento bancário

Nas Turmas de direito privado do STJ, a ocorrência de dano moral coletivo tem sido reconhecida em diversas situações. Em fevereiro passado, a Terceira Turma confirmou a condenação de um banco em danos morais coletivos por manter caixa de atendimento preferencial somente no segundo andar de uma agência, acessível apenas por escadaria de 23 degraus. Os ministros consideraram desarrazoado submeter a tal desgaste quem já possui dificuldade de locomoção (REsp 1.221.756).

O relator, ministro Massami Uyeda, destacou que, embora o Código de Defesa do Consumidor (CDC) admita a indenização por danos morais coletivos e difusos, não é qualquer atentado aos interesses dos consumidores que pode acarretar esse tipo de dano, resultando na responsabilidade civil.

"É preciso que o fato transgressor seja de razoável significância e transborde os limites da tolerabilidade. Ele deve ser grave o suficiente para produzir verdadeiros sofrimentos, intranquilidade social e alterações relevantes na ordem extrapatrimonial coletiva", esclareceu o relator.

Para o ministro Uyeda, este era o caso dos autos. Ele afirmou não ser razoável submeter aqueles que já possuem dificuldades de locomoção (idosos, deficientes físicos, gestantes) à situação desgastante de subir 23 degraus de escada para acessar um caixa preferencial. O ministro destacou que a agência tinha condições de propiciar melhor forma de atendimento. A indenização ficou em R$ 50 mil.

Medicamento ineficaz

Em outro julgamento emblemático sobre o tema no STJ, a Terceira Turma confirmou condenação do laboratório Schering do Brasil ao pagamento de danos morais coletivos no valor de R$ 1 milhão, em decorrência da colocação no mercado do anticoncepcional Microvlar sem o princípio ativo, o que ocasionou a gravidez de diversas consumidoras (REsp 866.636).

O caso das "pílulas de farinha" — como ficou conhecido o fato — aconteceu em 1998 e foi resultante da fabricação de pílulas para o teste de uma máquina embaladora do laboratório, mas o medicamento acabou chegando ao mercado para consumo.

Na origem, a ação civil pública foi ajuizada pela Fundação de Proteção e Defesa do Consumidor de São Paulo (Procon) e pelo Estado de São Paulo. Os fatos foram relacionados diretamente à necessidade de respeito à segurança do consumidor, ao direito de informação que estes possuem e à compensação pelos danos morais sofridos.

Os danos morais causados à coletividade foram reconhecidos logo na primeira instância, e confirmados na apelação. O juiz chegou a afirmar que "o dano moral é dedutível das próprias circunstâncias em que ocorreram os fatos". O laboratório pediu, no recurso especial, produção de prova pericial, para que fosse averiguada a efetiva ocorrência de dano moral à coletividade.

A ministra Andrighi considerou incongruente o pedido de perícia, na medida em que a prova somente poderia ser produzida a partir de um estudo sobre consumidoras individualizadas. Para a ministra, a contestação seria uma "irresignação de mérito, qual seja, uma eventual impossibilidade de reconhecimento de danos morais a serem compensados diretamente para a sociedade e não para indivíduos determinados".

Visa a ação civil pública a proteção de interesses coletivos e indivisíveis, nas hipóteses de desrespeito aos direitos trabalhistas previstos constitucionalmente. Tem, portanto, a finalidade de tutelar direitos e interesses difusos coletivos e individuais homogêneos em face de ameaças ou lesões, consoante disciplinado no art. 1º da Lei n. 7.347/1985[109]. Neste sentido, causa dano moral coletivo a prática patronal de ato antijurídico contra determinado segmento da coletividade, ofendendo seus valores extrapatrimoniais, gerando repulsa na comunidade. Tais danos também são indenizáveis, conforme se depreende do art. 1º da Lei da Ação Civil Pública. Lides simuladas, sem a anuência dos empregados, tanto na propositura

(109) TRT 10ª R. — RO 00232-2008-001-10-00-5 — 1ª T. — Relª Juíza Maria Regina Machado Guimarães — J. 14.1.2009.

quanto na "conciliação" subsequente, não só objetivam fraudar direitos daqueles trabalhadores, mas, também, impedir o seu real acesso ao Judiciário Trabalhista. Tal prática causa, para empregados e empregadores, a impressão de que é possível fraudar direitos trabalhistas por meio de estratagemas, e, pior ainda, com a chancela judiciária, rompendo-se, assim, o equilíbrio social. Além disso, provocam congestionamento nas VTs, retardando a prestação jurisdicional dos demais empregados, sendo caracterizada, assim, a lesão à coletividade. A indenização do dano moral coletivo não é meramente compensatória, ressarcindo a coletividade, sendo também sancionatória, pois desestimula o empregador a não mais proceder dessa forma[110].

Importante observar que a Constituição Federal elevou à categoria de fundamental o direito a um meio ambiente ecologicamente equilibrado (CF, art. 225). A Lei da Ação Civil Pública (Lei n. 7.347/1985, art. 1º) prevê, expressamente, a possibilidade da reparação de danos ambientais quer com efeitos patrimoniais, quer com efeitos extrapatrimoniais. Mas o que são danos ambientais?

A Lei n. 6.938/1981, em seu art. 3º, define os conceitos de poluidor, poluição e degradação ambiental. Assim, para os fins previstos nesta Lei, entende-se por:

I — meio ambiente: o conjunto de condições, leis, influências e interações de ordem física, química e biológica, que permite, abriga e rege a vida, em todas as suas formas;

II — degradação da qualidade ambiental: a alteração adversa das características do meio ambiente;

III — poluição: a degradação da qualidade ambiental resultante de atividades que direta ou indiretamente:

a) prejudiquem a saúde, a segurança e o bem-estar da população;

b) criem condições adversas às atividades sociais e econômicas;

c) afetem desfavoravelmente a biota;

d) afetem as condições estéticas ou sanitárias do meio ambiente;

e) lancem matérias ou energia em desacordo com os padrões ambientais estabelecidos;

IV — poluidor: a pessoa física ou jurídica, de direito público ou privado, responsável, direta ou indiretamente, por atividade causadora de degradação ambiental.

Entretanto, salienta o professor Fiorillo[111] que o conceito de poluição trazido pelo art. 3º, III, da Lei n. 6.938/1981, é exemplificativo. Portanto, ocorrendo uma atividade poluente que não possa ser encartada nas hipóteses legais, é possível ao aplicador da norma a utilização do conceito de degradação ambiental, desde que

---

(110) TRT 15ª R. — RO 0195-2006-086-15-00-6 — (35096/07) — 6ª C. — Rel. Juiz Samuel Hugo Lima — DOE 3.8.2007 — p. 28.

(111) *Curso de direito ambiental brasileiro*. 10. ed. São Paulo: Saraiva, 2009. p. 46-47.

exista uma atividade direta ou indireta que cause alteração adversa da qualidade do meio ambiente, fazendo, então, com que surja o dever de reparar o dano.

Enfim, dano ambiental é a lesão ou degradação de um bem ambiental que, segundo Fiorillo[(112)], "é um bem de uso comum do povo, pode ser desfrutado por toda e qualquer pessoa dentro dos limites constitucionais, e, ainda, um bem essencial à qualidade de vida", frisa o autor que "uma vida saudável reclama a satisfação dos fundamentos democráticos de nossa Constituição Federal, entre eles, o da dignidade da pessoa humana" (CF, art. 1º, III). Neste sentido, explica o professor Fiorillo[(113)] que "uma vida com dignidade reclama a satisfação dos valores (mínimos) fundamentais descritos no art. 6º da Constituição Federal, de forma a exigir do Estado que sejam assegurados, mediante o recolhimento dos tributos, educação, saúde, trabalho, moradia, segurança, lazer, entre outros direitos básicos, indispensáveis ao desfrute de uma vida digna", sendo que referido art. 6º fixa o PISO VITAL MÍNIMO de direitos que devem ser assegurados pelo Estado, posto que essenciais à sadia qualidade de vida.

Há quem entenda que esteja surgindo uma nova modalidade de dano: o dano social, que segundo Tartuce[(114)] está relacionado diretamente com o princípio da socialidade do Código Civil, ou seja, a valorização do nós em detrimento do eu, apontando para a cláusula geral da tutela da pessoa humana (CF, art. 1º, III), valorizada pelo Código Civil quando da previsão expressa dos direitos da personalidade (CC, art. 11 a 20), sendo que a orientação do CJF, por meio do Enunciado n. 274, é de que "os direitos da personalidade, regulados de maneira não exaustiva pelo Código Civil, são expressões da cláusula geral de tutela da pessoa humana, contida no art. 1º, III, da Constituição (princípio da dignidade da pessoa humana)" e "em caso de colisão entre eles, como nenhum pode sobrelevar os demais, deve-se aplicar a técnica da ponderação". Entendemos, com a devida vênia, que tais casos podem perfeitamente se enquadrar nas hipóteses de danos materiais ou morais, individuais ou coletivos.

De toda sorte, a interpretação mais adequada a respeito da palavra dano empregada no art. 944 do Código Civil deve abranger não só os danos individuais, materiais ou imateriais, mas também os danos sociais, difusos, coletivos e individuais homogêneos a serem reclamados pelos legitimados para propor ações coletivas, conforme se lê no Enunciado n. 456 do CJF.

---

(112) *Ibidem*, p. 109.

(113) *Ibidem*, p. 110.

(114) *Op. cit.*, p. 432-434.

CAPÍTULO VI

RESPONSABILIDADE PELO FATO DE OUTREM

1. *CONSIDERAÇÃO INICIAL*

Trata-se da responsabilidade em que a pessoa é chamada a responder civilmente por ato de terceiro a ele ligado por algum tipo de vínculo jurídico, legal ou contratual como se depreende da leitura do art. 932 do Código Civil.

> Art. 932. São também responsáveis pela reparação civil:
>
> I — os pais, pelos filhos menores que estiverem sob sua autoridade e em sua companhia;
>
> II — o tutor e o curador, pelos pupilos e curatelados, que se acharem nas mesmas condições;
>
> III — o empregador ou comitente, por seus empregados, serviçais e prepostos, no exercício do trabalho que lhes competir, ou em razão dele;
>
> IV — os donos de hotéis, hospedarias, casas ou estabelecimentos onde se albergue por dinheiro, mesmo para fins de educação, pelos seus hóspedes, moradores e educandos;
>
> V — os que gratuitamente houverem participado nos produtos do crime, até a concorrente quantia.

Neste sentido, o legislador impôs a regra da responsabilidade solidária das pessoas responsáveis pelos atos de outras a elas ligadas nos termos do que se vê do art. 942 e parágrafo único do Código Civil.

> Art. 942. Os bens do responsável pela ofensa ou violação do direito de outrem ficam sujeitos à reparação do dano causado; e, se a ofensa tiver mais de um autor, todos responderão solidariamente pela reparação(115).

(115) Na via regressiva, a indenização atribuída a cada agente será fixada proporcionalmente à sua contribuição para o evento danoso. Enunciado n. 453 do CJF.

Parágrafo único. **São solidariamente responsáveis com os autores os coautores e as pessoas designadas no art. 932.** (grifo nosso)

Cumpre, portanto, salientar que referida responsabilidade é da espécie objetiva a teor do art. 933, *verbis:*

Art. 933. As pessoas indicadas nos incisos I a V do artigo antecedente, ainda que não haja culpa de sua parte, responderão pelos atos praticados pelos terceiros ali referidos.

Importante frisar que a responsabilidade civil por ato de terceiro funda-se na responsabilidade objetiva ou independente de culpa, *estando superado o modelo de culpa presumida* do Código Civil de 1916(116).

Note-se, contudo, que como muito bem observa Vaneska Donato de Araújo(117), "a responsabilidade por ato de terceiro constitui-se de duas relações, não sendo ambas regidas pelo mesmo fundamento jurídico. A primeira delas, formada entre o verdadeiro causador do dano e a vítima, é precipuamente regida pela responsabilidade subjetiva, ou seja, há que ser provada a culpa do ofensor. Somente sobre a segunda relação, estabelecida entre este último e o responsável há de ser aplicada a responsabilidade objetiva". Há, neste caso, um concurso de responsabilidade subjetiva e objetiva.

2. *DA RESPONSABILIDADE DOS PAIS*

Art. 932. São também responsáveis pela reparação civil:

I — os pais, pelos filhos menores que estiverem sob sua autoridade e em sua companhia.

Os pais respondem pelos danos causados por seus filhos, independentemente de culpa (CC, art. 933), sendo esta a consequência natural do risco de se ter filhos, portanto os pais têm o dever de vigilância sobre os filhos.

Dessa maneira, considerando que a responsabilidade dos pais pelos atos danosos praticados pelos filhos menores é objetiva, e não por culpa presumida, ambos os genitores, no exercício do poder familiar, são, em regra, solidariamente responsáveis por tais atos, ainda que estejam separados, ressalvando o direito de regresso em caso de culpa exclusiva de um dos genitores, segundo a orientação interpretativa do Enunciado n. 450 do CJF.

Neste sentido, respondem os pais pelos atos dos filhos que vivam às suas expensas, mesmo que morem afastados, p. ex., aquele filho que ao passar no vestibular vai morar em república de alunos aos 17 anos. Desta forma, a única maneira dos pais afastarem sua responsabilidade é provar, conforme ensina Vaneska

(116) Conf. Enunciado n. 451 do CJF.

(117) *Op. cit.*, p. 148.

Donato de Araújo[118], que não tinha a obrigação de assistir e vigiar seu filho, pois este não se encontrava sob sua autoridade por motivos alheios à sua vontade, como p. ex., no caso do menor fugir de casa ou nas hipóteses de emancipação legal.

Todavia, em que pese a responsabilidade solidária prevista no art. 942 do Código Civil, **a responsabilidade do incapaz é subsidiária e mitigada**, pois este só responderá se as pessoas por ele responsáveis não tiverem a obrigação de fazer ou não dispuserem de meios suficientes.

> Art. 928. O incapaz responde pelos prejuízos que causar, se as pessoas por ele responsáveis não tiverem obrigação de fazê-lo ou não dispuserem de meios suficientes.
>
> Parágrafo único. A indenização prevista neste artigo, que deverá ser equitativa, não terá lugar se privar do necessário o incapaz ou as pessoas que dele dependem.

Referida impossibilidade de privação do necessário à pessoa, prevista no art. 928, traduz um dever de indenização equitativa, informado pelo princípio constitucional da proteção à dignidade da pessoa humana. Como consequência, também os pais, tutores e curadores serão beneficiados pelo limite humanitário do dever de indenizar, de modo que a passagem ao patrimônio do incapaz se dará não quando esgotados todos os recursos do responsável, mas se reduzidos estes ao montante necessário à manutenção de sua dignidade nos termos do Enunciado n. 39 da I Jornada de Direito Civil do CJF[119], o que é reforçado pelo Enunciado seguinte n. 40, *verbis*:

> O incapaz responde pelos prejuízos que causar de maneira subsidiária ou excepcionalmente como devedor principal, na hipótese do ressarcimento devido pelos adolescentes que praticarem atos infracionais nos termos do art. 116 do Estatuto da Criança e do Adolescente, no âmbito das medidas socioeducativas ali previstas.

A única hipótese em que poderá haver responsabilidade solidária do menor com seus pais é se aquele foi emancipado voluntariamente conforme orienta o Enunciado n. 41 da I Jornada de Direito Civil do Conselho Justiça Federal.

Por fim, esclarece o professor Carlos Roberto Gonçalves[120] que se a guarda do menor é deferida a terceiro, torna-se este o único responsável por seus atos, como, p. ex., ocorre no período em que os menores encontram-se no estabelecimento de ensino, o dever de vigilância passa ao educandário (CC, art. 932, IV).

3. *Da responsabilidade dos tutores e curadores*

> Art. 932. São também responsáveis pela reparação civil:

---

(118) *Op. cit.*, p. 149.

(119) Enunciado n. 449 do CJF. Art. 928 parágrafo único. "A indenização equitativa a que se refere o art. 928, parágrafo único, do Código Civil não é necessariamente reduzida sem prejuízo do Enunciado n. 39 da I Jornada de Direito Civil".

(120) *Sinopses jurídicas*, p. 34.

II — o tutor e o curador, pelos pupilos e curatelados, que se acharem nas mesmas condições;

A tutela ocorre em caso de falecimento, ausência dos pais ou perda do poder familiar (CC, art. 1.728), já a curatela refere-se aos nascituros e aos maiores de idade nos termos do art. 1.767 do Código Civil.

Trata-se, também, de responsabilidade objetiva, aplicando-se, no que couber, as mesmas considerações feitas no tocante à responsabilidade dos pais por atos dos filhos, observando-se, para tanto, que o grau de vigilância do responsável varia de acordo com o discernimento ou doença do tutelado ou curatelado.

Note-se, todavia, que, ao internar o enfermo ou deficiente mental em hospital psiquiátrico, este se torna o único responsável por seu atos, transferindo-se, portanto, o dever de vigilância (CC, art. 932, IV).

4. DA RESPONSABILIDADE DOS EMPREGADORES

Art. 932. São também responsáveis pela reparação civil:

III — o empregador ou comitente, por seus empregados, serviçais e prepostos, no exercício do trabalho que lhes competir, ou em razão dele.

Serviçal é o que presta serviços domésticos (cozinheiro, mordomo, caseiro, enfermeiro, jardineiro, motorista, babá). Preposto é o que cumpre ordens de outrem, seja ou não assalariado. Empregado é aquele que mantém vínculo empregatício nos termos do art. 3º da CLT.

Trata-se de mais um caso de responsabilidade objetiva, portanto superada a discussão da responsabilidade subjetiva e por culpa presumida do passado. Vejamos:

Assédio sexual. Superior hierárquico. Indenização por danos morais. Responsabilidade objetiva do empregador. Demonstrada a ocorrência de assédio sexual por parte de superior hierárquico em face de empregado subordinado, responde o empregador, objetivamente, pelos danos patrimoniais e extrapatrimoniais decorrentes da conduta do seu empregado, bem como pela indenização reparatória correspondente, nos termos dos arts. 932, III, e 933, do Código Civil de 2002, aplicável subsidiariamente na seara trabalhista, nos moldes do parágrafo único do art. 8º da CLT. (TRT 19ª R. — RO 00984.2007.003.19.00-9 — Rel. Juiz Pedro Inácio — J. 2.7.2008)

Desta forma, são requisitos para a configuração da responsabilidade do empregador:

a) a qualidade de empregado, serviçal ou preposto causador do dano;

b) a conduta culposa destes;

c) que o ato lesivo tenha sido praticado no exercício da função ou em razão dela, sendo esta interpretada de modo amplo.

Portanto, haverá responsabilidade do empregador sempre que se constatar que o trabalho possibilitou ou facilitou a prática do dano. Assim, a circunstância de ter, p. ex., um acidente ocorrido fora do horário de trabalho é irrelevante. Mesmo no caso de abuso ou desvio de atribuições, o patrão responderá, uma vez que a vítima do dano, via de regra, não tem condições de conhecer quais as funções do empregado, preposto ou serviçal, todavia, se ficar provado que a vítima tinha conhecimento de que o preposto agira fora de suas funções, o empregador não terá responsabilidade. O que é muito difícil de ocorrer.

Observe-se que o empregador poderá efetuar o desconto nos salários do empregado, desde que previamente acordado contratualmente, o que é praxe nos contratos de trabalho ou em caso de dolo empregado, nos termos do art. 462 da CLT[121].

Por outro lado, a CF, art. 7º, XXVIII, estabelece a Responsabilidade Subjetiva do Empregador quanto à reparação dos danos sofridos por seus empregados.

Neste sentido, Tartuce[122] indaga: Como pode o empregador, pela atividade que exerce, responder objetivamente pelos danos por si causados, mas, em relação aos seus empregados, por causa dos danos sofridos justamente em razão do exercício da atividade que atraiu ao patrão a responsabilidade objetiva perante terceiros, ter o direito de responder subjetivamente?

A resposta surge com o Enunciado n. 377 do CJF da IV Jornada de Direito Civil, *verbis*: "O art. 7º, inc. XXVIII, da Constituição Federal não é impedimento para a aplicação do disposto no art. 927, parágrafo único, do Código Civil quando se tratar de atividade de risco".

5. Da responsabilidade dos hotéis, hospitais, clínicas e escolas

Entendemos que tal responsabilidade está abrangida pelo Código de Defesa do Consumidor, por serem tais pessoas prestadores de serviços, portanto, objetiva, não só pelo fato do serviço (CDC, art. 14), como, também, por vício do mesmo (CDC, art. 20).

Neste sentido, o serviço será defeituoso quando não fornecer a segurança que o consumidor dele puder esperar, respondendo, o fornecedor, independentemente da existência de culpa[123], pela reparação dos danos causados aos consumidores

---

(121) Art. 462. Ao empregador é vedado efetuar qualquer desconto nos salários do empregado, salvo quando este resultar de adiantamentos, de dispositivos de lei ou convenção coletiva.

§ 1º Em caso de dano causado pelo empregado, o desconto será lícito, desde que esta possibilidade tenha sido acordada ou na ocorrência de dolo do empregado.

(122) *Op. cit.*, p. 460-470.

(123) São excludentes de responsabilidade do fornecedor: a culpa exclusiva do consumidor ou de terceiro; inexistência do defeito (CDC, art. 14, § 3º, I e II).

por defeitos relativos à prestação dos serviços, bem como por informações insuficientes ou inadequadas sobre sua fruição e riscos.

Responderá, também, o fornecedor de serviços pelos vícios de qualidade que os tornem impróprios(124) ao consumo ou lhes diminuam o valor, assim como por aqueles decorrentes da disparidade com as indicações constantes da oferta ou mensagem publicitária, podendo o consumidor exigir, alternativamente e à sua escolha:

> a) a reexecução dos serviços, sem custo adicional e quando cabível, sendo certo que esta poderá ser confiada a terceiros devidamente capacitados, por conta e risco do fornecedor;
>
> b) a restituição imediata da quantia paga, monetariamente atualizada, sem prejuízo de eventuais perdas e danos;
>
> c) o abatimento proporcional do preço.

Assim, a instituição hospitalar privada responde, na forma do art. 932, III, do CC, pelos atos culposos praticados por médicos integrantes de seu corpo clínico.

Entretanto, a responsabilidade subjetiva do profissional da área da saúde, nos termos do art. 951 do Código Civil e do art. 14, § 4º, do Código de Defesa do Consumidor, não afasta a sua responsabilidade objetiva pelo fato da coisa da qual tem a guarda, em caso de uso de aparelhos ou instrumentos que, por eventual disfunção, venham a causar danos a pacientes, sem prejuízo do direito regressivo do profissional em relação ao fornecedor do aparelho e sem prejuízo da ação direta do paciente, na condição de consumidor, contra tal fornecedor, nos termos da orientação interpretativa que é dada pelo Conselho de Justiça Federal no Enunciado n. 460.

Note-se, ainda, que em se tratando de relação de consumo, não há que se cogitar da validade das cláusulas de não indenizar retratadas em *tickets* e placas de estacionamento, uma vez que são consideradas abusivas e, portanto, nulas de pleno direito.

> Art. 51. São nulas de pleno direito, entre outras, as cláusulas contratuais relativas ao fornecimento de produtos e serviços que:
>
> I — impossibilitem, exonerem ou atenuem a responsabilidade do fornecedor por vícios de qualquer natureza dos produtos e serviços ou impliquem renúncia ou disposição de direitos.

6. *DA RESPONSABILIDADE PELO PRODUTO DO CRIME*

Art. 932. São também responsáveis pela reparação civil:

---

(124) São impróprios os serviços que se mostrem inadequados para os fins que razoavelmente deles se esperam, bem como aqueles que não atendam às normas regulamentares de prestabilidade.

V — os que gratuitamente houverem participado nos produtos do crime, até a concorrente quantia.

Ninguém pode locupletar-se com o que não lhe pertence, razão pela qual aquele que participou, mesmo que gratuitamente, do produto de um crime, responderá solidariamente pela quantia da qual tirou proveito(125). Tal dispositivo reafirma o princípio da repetição do indébito, se assim não fosse, afirma Pablo Stolze(126), estar-se-ia admitindo o espúrio enriquecimento dos agentes do crime ou seus beneficiários.

7. Da ação regressiva

Art. 934. Aquele que ressarcir o dano causado por outrem pode reaver o que houver pago daquele por quem pagou, salvo se o causador do dano for descendente seu, absoluta ou relativamente incapaz.

Neste caso, o responsável indireto tem um direito regressivo contra o causador do dano. A exceção, prevista na parte final do artigo, resulta de consideração de ordem moral, visando à solidariedade familiar.

A norma constitucional, também, trata da responsabilidade objetiva da administração pública por atos dos seus agentes, *verbis*:

CF, art. 37. A administração pública direta e indireta de qualquer dos Poderes da União, dos Estados, do Distrito Federal e dos Municípios obedecerá aos princípios de legalidade, impessoalidade, moralidade, publicidade e eficiência e, também, ao seguinte:

§ 6º As pessoas jurídicas de direito público e as de direito privado prestadoras de serviços públicos responderão pelos danos que seus agentes, nessa qualidade, causarem a terceiros, assegurado o direito de regresso contra o responsável nos casos de dolo ou culpa.

Já a lei processual determina que, no rito ordinário e não no sumário (CPC, art. 280), é obrigatória a intervenção de terceiro na modalidade Denunciação da lide, vejamos:

CPC, art. 70. A denunciação da lide é obrigatória:

III — àquele que estiver obrigado, pela lei ou pelo contrato, a indenizar, em ação regressiva, o prejuízo do que perder a demanda.

---

(125) ARAÚJO, Vaneska Donato de. *Op. cit.*, p. 158.

(126) *Op. cit.*, p. 164.

CAPÍTULO VII

RESPONSABILIDADE PELO FATO DA COISA

1. CONSIDERAÇÕES INICIAIS

> Art. 936. O dono, ou detentor, do animal ressarcirá o dano por este causado, **se não provar culpa da vítima ou força maior**.
>
> Art. 937. O dono de edifício ou construção responde pelos danos que resultarem de sua ruína, **se esta provier de falta de reparos, cuja necessidade fosse manifesta**.
>
> Art. 938. Aquele que habitar prédio, ou parte dele, **responde pelo dano proveniente das coisas que dele caírem ou forem lançadas em lugar indevido.** (grifo nosso)

Como é possível observar da leitura atenta dos artigos, esta espécie de responsabilidade está ligada à conduta relacionada ao dever de guarda, em que o proprietário, para afastar sua responsabilidade, deverá demonstrar a força maior e culpa da vítima.

Note-se que tal dever está relacionado a uma conduta negativa da vítima, que deixou de fazer, não teve os cuidados necessários, uma vez que este é o dever do guardião da coisa. Todavia, se o proprietário ficar privado da guarda ou controle da coisa por furto ou roubo, sua responsabilidade desaparecerá pela quebra do nexo de causalidade.

2. DA RESPONSABILIDADE POR FATO DO ANIMAL

> Art. 936. O dono, ou detentor, do animal ressarcirá o dano por este causado, se não provar culpa da vítima ou força maior.

Referida responsabilidade, como já dissemos, funda-se no dever de guarda. Neste sentido, basta que se prove o dano sofrido e a relação de causalidade com o fato do animal, *verbis:*

> **RESPONSABILIDADE CIVIL ATAQUE DE CÃO** FERIMENTOS GRAVES DANOS MORAL E MATERIAL INDENIZAÇÃO DEVIDA APELAÇÃO CÍVEL — **INDENIZAÇÃO — ATAQUE DE CÃO DA RAÇA ROTWEILLER — DANOS MORAIS E MATERIAIS — RESPONSABILIDADE DO PROPRIETÁRIO DO ANIMAL** — IMPROVIMENTO DO RECURSO — Inúmeros são os casos noticiados atualmente sobre ataque de cães ferozes a pessoas de diferentes idades, que levam, muitas vezes, à morte. E tal situação se tornou tão grave que mereceu atenção especial do poder público, como se vê na edição das Leis Estaduais ns. 3.205/1999, 3.207/1999 e 3.283/ 1999, que estabelecem normas rigorosas aos proprietários de cães que sejam de determinadas raças que representam, em razão de sua índole, perigo à integridade física do cidadão. O cão *rotweiller*, que provocou as lesões descritas na inicial, se encontra entre esses animais que requerem maior cuidado, sendo citado expressamente em lei. A hipótese traz à retina, igualmente, o comando ínsito no art. 1.527 do antigo Código Civil, atual art. 936, onde o legislador previu a culpa presumida do dono ou detentor do animal que provoca o dano a outrem. Se a presunção de culpa é *iuris tantum*, caberia ao réu provar a ocorrência de uma das circunstâncias que poderia conduzir à exclusão de sua responsabilidade. Assim, configurada a responsabilidade do réu, pertinente que se diga que o simples fato de a autora possuir um plano de saúde, não faz com que o réu se exima da responsabilidade de reparar o dano provocado pelo ataque de seu cão. Portanto, nenhuma razão há para afastar da condenação a parte referente ao tratamento médico indicado pelo perito, pois o apelante não conseguiu trazer argumentos que pudessem destroçar os elementos técnicos apresentados pela perícia. Com efeito, diante dos fatos retratados e provados nos autos, que evidenciam presente o nexo causal, e levando em conta critérios de proporcionalidade e razoabilidade no arbitramento do quantum indenizatório, bem como as condições do ofensor e do ofendido e o bem jurídico lesado, além da finalidade educacional da norma aplicada, entendo correta a fixação do dano não patrimonial feita pelo julgador monocrático, pelo que não merece acolhida a pretensão recursal. Improvimento do recurso. (TJRJ — AC 18.047/03 — 6ª C.Cív. — Rel. Des. Albano Mattos Côrrea — DJRJ 24.6.2004 — p. 415)

Admite-se como excludente de responsabilidade a culpa exclusiva da vítima, força maior a teor do próprio art. 936 do Código Civil.

Mas e na hipótese de Caso Fortuito?

Como já foi visto anteriormente, o legislador trata como sinônimos a força maior e o caso fortuito como se vê do art. 393 do Código Civil. Coube, então, à doutrina efetuar tal distinção.

Assim, temos que o caso fortuito é o fato que acontece de forma imprevisível e que atua por uma força que não se pode evitar. Portanto, se o animal houver sido furtado ou roubado e, estando na posse do criminoso, atacar terceiro causando-lhe danos, o proprietário do animal poderá eximir-se do dever de reparar o dano alegando tal excludente, desde que demonstre que o furto ou roubo se deu não obstante as cautelas de custódia devidas.

Embora não prevista como excludente no art. 936 do Código Civil, a orientação do Conselho de Justiça Federal é de que o fato exclusivo de terceiro deve ser admitido como excludente de responsabilidade de acordo com o Enunciado n. 452 do CJF, *verbis*:

> a responsabilidade do dono ou detentor de animal é objetiva, admitindo-se a excludente de fato exclusivo de terceiro.

2.1. Da responsabilidade das concessionárias de serviços públicos[(127)]

É comum o acidente de animais na pista, neste sentido, tem-se decidido que podem ser responsabilizados tanto o proprietário quanto as concessionárias administradora da rodovia nos termos da CF, arts. 37, § 6º, e 14 do CDC, cuidando-se, portanto, de responsabilidade objetiva, *verbis*:

> Responsabilidade Civil. Dano material e moral. Acidente de trânsito ocorrido em rodovia administrada pela concessionária-ré, ocasionado pela presença de corpos de animais (dois cavalos) na pista de rolamento. **Responsabilidade objetiva da concessionária, conforme o disposto nos arts. 37, § 6º, da Constituição Federal e 14 do Código de Defesa do Consumidor. Falha no serviço prestado, caracterizado na espécie, por permitir a concessionária o ingresso de animais em uma rodovia, na qual transitam veículos em alta velocidade, além de desídia e omissão, ao não retirar os mesmos do local ou ao menos sinalizar sua presença até que fosse providenciada**

(127) CONSTITUCIONAL — ADMINISTRATIVO — CIVIL — RESPONSABILIDADE OBJETIVA DO ESTADO — ACIDENTE DE TRÂNSITO CAUSADO POR ANIMAIS NA RODOVIA — DANOS MORAIS E MATERIAIS — COMPROVAÇÃO DO NEXO DE CAUSALIDADE — INDENIZAÇÃO — QUESTÕES PRELIMINARES — Preliminares de ilegitimidade passiva e prescrição afastadas. A responsabilidade objetiva independe da comprovação de culpa ou dolo, ou seja, basta estar configurada a existência do dano, da ação e do nexo de causalidade entre ambos (art. 37, § 6º, da CF/1988). Demonstrado o nexo causal entre o fato lesivo imputável à administração e o dano, exsurge para o ente público o dever de indenizar o particular, mediante o restabelecimento do patrimônio lesado por meio de uma compensação pecuniária compatível com o prejuízo. A prova dos autos demonstra que a ré é civilmente responsável pelo acidente de trânsito sofrido pelo familiar dos autores provocado por animais na pista. Indenização por danos morais fixadas em R$ 60.000,00, divididos *pro rata* entre os demandantes, segundo a situação econômica do ofensor, prudente arbítrio e critérios viabilizados pelo próprio sistema jurídico, que afastam a subjetividade, dentro dos princípios da razoabilidade e da proporcionalidade à ofensa e ao dano a ser reparado, porque a mesma detém dupla função, qual seja: Compensar o dano sofrido e punir o réu. Atualização monetária pelo INPC, a partir do ajuizamento. Juros moratórios de 0,5% ao mês (art. 1.062, Lei n. 3.071/1916), a partir da citação. Pensão mensal de 2/3 sobre o valor bruto da remuneração que seria recebida pelo de cujus até que completasse 65 anos, a ser paga em caráter vitalício à viúva e até que atinjam vinte e cinco anos para os filhos, acrescida de juros de mora de 0,5% ao mês e correção monetária pelo INPC desde o evento danoso. Sucumbência mantida, fixada na esteira dos precedentes da turma. Prequestionamento quanto à legislação invocada estabelecido pelas razões de decidir. Apelação parcialmente conhecida e improvida. Remessa oficial parcialmente provida (TRF 4ª R. — AC 2000.71.04.003853-5 — 3ª T. — Rel. Des. Fed. Fernando Quadros da Silva — DJe 6.12.2006).

sua retirada, restando inequívoca a ocorrência do fato, do dano e do nexo causal a impor a responsabilização do fornecedor do serviço. Inexistência de culpa exclusiva da vítima ou de fato exclusivo de terceiro a excluir a responsabilidade da empresa-ré. Incumbe à concessionária zelar pela rodovia e pela segurança dos usuários em todos os seus aspectos, como impedir a invasão da pista de rolamento por animais e a de retirar obstáculos que ponham em risco a segurança dos usuários, devendo, assim, suportar os ônus decorrentes do risco de sua atividade econômica. Danos materiais e morais configurados. Quantificação do dano extrapatrimonial dotada de proporcionalidade e razoabilidade, diante das circunstâncias do caso concreto, a não merecer redução. Sentença mantida. Desprovimento do recurso. (TJRJ — AC 2005.001.03366 — 17ª C.Cív. — Rel. Des. Maria Ines Gaspar — J. 6.4.2005) (grifo nosso)

3. *DA RESPONSABILIDADE PELA RUÍNA DE EDIFÍCIO OU CONSTRUÇÃO*

Art. 937. O dono de edifício ou construção responde pelos danos que resultarem de sua ruína, se esta provier de falta de reparos, cuja necessidade fosse manifesta.

O professor Carlos Roberto Gonçalves[128], ao citar o sempre lembrado mestre Aguiar Dias, explica que, "embora o dispositivo em estudo dê a impressão de que a vítima tenha de provar também que a ruína do edifício ocorreu devido à falta de reparos, cuja necessidade era manifesta, Aguiar Dias entende que a manifesta falta de reparos decorre do simples fato de ter havido a ruína: tanto necessitava de reparos que caiu. Ao dono do prédio é que compete a difícil incumbência de provar o contrário".

Os requisitos, portanto, são:

a) danos decorrentes da ruína de prédio ou construção;

b) falta de reparos.

4. *DA RESPONSABILIDADE POR COISAS CAÍDAS OU LANÇADAS DO PRÉDIO*

Art. 938. Aquele que habitar prédio, ou parte dele, responde pelo dano proveniente das coisas que dele caírem ou forem lançadas em lugar indevido.

Aqui estamos diante da Responsabilidade *Effusis et dejectis* (coisas líquidas e sólidas) por parte do habitante — morador — que tanto pode ser o proprietário quanto o inquilino ou comodatário.

Apelação Cível. Ação de indenização. Condomínio. Queda da armação de uma janela. Dano moral. Unidade identificada. A queda de objetos de unidades imobiliárias causando danos em transeuntes é fato grave e merece reprimenda severa, sendo inequívoco que tenham as vítimas experimentado grande sofrimento, dor e angústia,

(128) *Op. cit.*, p. 58.

geradora de indenização por danos morais. Apelação desprovida. (TJRJ — AC 19946/04 — 18ª C. Cív. — Rel. Des. Jorge Luiz Habib — DJRJ 9.12.2004 — p. 207)

Entretanto, não sendo possível identificar exatamente o morador, a solução tem sido, segundo Carlos Roberto Gonçalves[129], de responsabilizar solidariamente todos os moradores. Todavia, se considerarmos os grandes edifícios de apartamentos, o morador da ala oposta àquela em que se deu a queda ou lançamento da coisa ou líquido não poderá ser responsabilizado.

---

(129) *Op. cit.*, p. 61.

CAPÍTULO VIII

Liquidação do Dano

1. *Terminologia*

A Constituição Federal no art. 5º, incisos V e X, refere-se à indenização por dano material e moral, entretanto, cumpre distinguirmos as expressões: a) Ressarcimento: é o pagamento de todo prejuízo material sofrido, abrangendo, portanto, o dano emergente e os lucros cessantes; b) Reparação: é a compensação pelo dano moral sofrido. Sendo assim, temos que a expressão indenização é gênero do qual o ressarcimento e a reparação são espécies.

1.1. Definição

A função jurídica da liquidação do dano é a de tornar efetiva a reparação do prejuízo sofrido pela vítima, por meio da fixação do montante advindo do dano emergente e do lucro cessante, bem como do dano moral.

2. *Modos de reparação*

a) Reparação específica:

> O objetivo é reparar o dano causado à vítima restabelecendo o *status quo ante*, isto é, devolvendo-a ao estado em que se encontrava antes da ocorrência do ato ilícito. Portanto, só tem cabimento nos casos de dano material, face à dificuldade no tocante ao restabelecimento do *status quo ante* na hipótese de dano moral.

b) Reparação pecuniária:

Ocorrerá na impossibilidade de restauração do estado anterior, buscando-se uma compensação em forma de pagamento de uma indenização monetária nos termos do que dispõe o art. 947 do Código Civil[(130)].

3. *Formas de liquidação*

a) Judicial (arbitramento ou por artigos, CPC, arts. 475-C, D, E e F): busca-se fixar concretamente o montante dos elementos por meio da atuação do juiz ou de perito nomeado ou ainda com a produção de provas para comprovar um fato novo apto a apurar o *quantum.*

b) Legal: quando a própria lei determina o seu contorno e o meio de efetivação, como, por exemplo, o pagamento das despesas com tratamento da vítima, despesas com funeral, pensão correspondente à importância do trabalho para o qual se inabilitou, nos termos dos arts. 948 a 954 do Código Civil.

c) Convencional: decorre do acordo de vontade entre as partes. Ex.: contrato ou transação.

4. *Titulares da ação*

Tem legitimidade para a competente ação indenizatória, além do próprio ofendido, os seus herdeiros (nos termos do art. 943 do Código Civil), bem como a pessoa jurídica (STJ, Súmula n. 227). Entretanto, quando falamos em morte da vítima, os primeiros legitimados ao direito são o cônjuge ou companheira e filhos menores; os demais parentes ascendentes, colaterais e descendentes maiores deverão demonstrar dependência econômica, mas em se tratando de dano moral ao invés de dependência econômica, demonstrar-se-á afetividade, isto é, laços concretos de afetividade. Por fim, cumpre não esquecer que aqueles que sofreram dano reflexo ou por ricochete também têm legitimidade para requerer em nome próprio a respectiva indenização.

5. *A culpa como elemento de fixação da indenização*

A culpa, ainda que leve, não exclui o dever de indenizar. Todavia, nos casos de culpa leve ou levíssima, segundo o parágrafo único do art. 944 do Código Civil,

(130) SEGURO-DESEMPREGO — INDENIZAÇÃO — Descumprida a obrigação de entregar ao empregado, dispensado sem justa causa, as guias pertinentes ao seguro-desemprego, da impossibilidade do gozo do benefício ressai o direito à indenização correspondente (CCB, art. 947 e Súmula n. 389 do C. TST) (TRT 10ª R. — RO 00232-2008-015-10-00-8 — 2ª T. — Rel. Juiz João Amílcar — J. 28.1.2009).

em que o julgador, por equidade, fixará a indenização que entender adequada ao caso concreto, levando em conta, se necessário, a intensidade do sofrimento do ofendido, a gravidade, a natureza e repercussão da ofensa e a posição social e política do ofendido; a intensidade do dolo ou o grau da culpa do responsável, sua situação econômica e sua condenação anterior em ação criminal ou cível; dentre outras.

Portanto, o grau de culpa do ofensor, ou a sua eventual conduta intencional, deve ser levado em conta pelo juiz para a quantificação do dano moral[(131)].

Muito embora a indenização seja medida de acordo com a extensão do dano, tal preceito não afasta a possibilidade de se reconhecer a função punitiva e pedagógica da responsabilidade civil[(132)]. Sendo certo afirmarmos que a expressão "dano", prevista no art. 944 do Código Civil, abrange não só os danos individuais, materiais ou imateriais, mas também os danos sociais, difusos, coletivos e individuais homogêneos a serem reclamados pelos legitimados para propor ações coletivas[(133)].

Por outro lado, a possibilidade da redução equitativa da indenização prevista no parágrafo único do art. 944 tem caráter excepcional e somente será realizada quando a amplitude do dano extrapolar os efeitos razoavelmente imputáveis à conduta do agente[(134)].

6. *Garantias de indenização*

Sabemos que o devedor responde com todos os seus bens pelo inadimplemento de suas obrigações, desta forma, quando na indenização incluir-se prestação de alimentos, poderá ser ordenada a **Constituição de Capital** a fim de se assegurar o pagamento mensal da pensão, sendo certo que referido capital poderá ser representado por imóveis, títulos da dívida pública ou aplicações financeiras em banco oficial, tendo-se estes como inalienáveis e impenhoráveis enquanto durar a obrigação do devedor ou, então, substituir a constituição do capital pela inclusão do beneficiário da prestação em folha de pagamento de entidade de direito público ou de empresa de direito privado de notória capacidade econômica, ou, a requerimento do devedor, por fiança bancária ou garantia real, em valor a ser arbitrado de imediato pelo juiz, nos termos do que dispõe o art. 475-Q do Código de Processo Civil.

Assim, o lesado poderá exigir que a indenização, sob a forma de pensionamento, seja arbitrada e paga de uma só vez, salvo impossibilidade econômica do devedor, caso em que o juiz poderá fixar outra forma de pagamento, atendendo à

(131) Cf. Enunciado n. 458 do CJF.
(132) Cf. Enunciado n. 379 do CJF.
(133) Cf. Enunciado n. 456 do CJF.
(134) Cf. Enunciado n. 457 do CJF.

condição financeira do ofensor e aos benefícios resultantes do pagamento antecipado[135].

Outra forma de garantia é **Hipoteca Legal** que é um direito real de garantia que grava bem imóvel pertencente ao devedor, conferido pela lei a certos credores que, por se encontrarem em determinada situação, devem ter uma proteção especial (art. 1.489, III, CC).

7. Da indenização em caso de homicídio

O art. 948 do Código Civil prevê as hipóteses de dano material, ou seja, o pagamento das despesas com o tratamento da vítima, seu funeral e o luto da família, bem como a prestação de alimentos às pessoas a quem o morto devia, levando--se em conta a duração provável da vida da vítima.

Note-se, contudo, que a reparação por dano moral obviamente que não excluída, posto que o próprio *caput* faz a ressalva.

Assim, no tocante ao pagamento das despesas com tratamento da vítima, funeral e luto da família não há dificuldades na apuração, tendo em vista se tratar de danos emergentes de prova simples, compreendendo, por exemplo, a aquisição de jazigo, urna, traslado do corpo, etc.

Já com relação aos alimentos devidos em caso de morte, a questão é rica em detalhes, os quais veremos a seguir.

Primeiramente, devemos observar que a fixação do valor dos alimentos a serem pagos a título de pensão poderão variar conforme a morte seja de chefe de família ou de seu filho maior ou menor, bem como da expectativa de vida que atualmente varia entre 65 (sessenta e cinco anos) e 70 (setenta anos), podendo ocorrer variações conforme cada caso. Note-se, ainda, que referida pensão poderá ser paga sob forma de prestações mensais (mais comum) ou de uma única vez.

Explica Fernando Garubi[136] que, segundo os tribunais, "o pensionamento fixado judicialmente deve ter por base os proventos normalmente auferidos pela vítima e sua provável expectativa de vida, abatendo-se as despesas que tinha consigo própria, estas fixadas em trinta e três por cento dos seus ganhos", o que significa dizer que os dependentes econômicos da vítima de homicídio terão direito de 2/3 dos proventos que a vítima auferia, incluindo-se 13º salário e férias, se inserida no mercado formal de trabalho; já se a vítima era autônoma e/ou recebia remuneração variável por mês, neste caso a pensionamento será fixado pela média dos últimos doze meses mediante prova, por exemplo, dos extratos bancários.

---

(135) Cf. Enunciado n. 381 do CJF.

(136) *Op. cit.*, p. 108.

A pensão será devida ao cônjuge ou companheiro da vítima enquanto estes permanecerem no estado de viuvez e, no que tange ao recebimento da pensão por parte dos filhos menores, esta será devida enquanto houver dependência economia, via de regra até que se complete o curso superior[(137)] ou se casem, portanto, por volta dos vinte e cinco anos[(138)], podendo ser relativizada tal questão avaliando-se cada caso concreto[(139)].

Cumpre observar que a natureza desta obrigação é alimentar, todavia não se pode decretar a prisão civil do devedor que frustra o pagamento das pensões mensais, pois só é admissível como meio coercitivo para o adimplemento de pensão decorrente do parentesco, matrimônio ou união estável, o que significa dizer que a interpretação do dispositivo constitucional deve ser restritiva, pois o fato gerador da responsabilidade de indenizar sob a forma de pensão alimentícia é a prática de um ato ilícito, e não a necessidade de alimentos[(140)].

7.1. Indenização (pensão) por morte de pessoa que não exercia atividade remunerada e filhos menores

Pacificado no STF pela Súmula n. 491 que é indenizável o acidente que cause a morte de filho menor, ainda que não exerça trabalho remunerado.

Neste sentido a jurisprudência do colendo Superior Tribunal de Justiça tem reconhecido o direito dos pais à percepção de pensão pela morte de filho menor, quando se trate de família de baixa renda, independentemente se exercia ele atividade laborativa ou não.

Em se tratando de família de baixa renda, é devido o pensionamento pela morte de filho menor em acidente causado por ônibus coletivo, devendo ser

(137) "A Constituição Federal em seu art. 40, *caput* e § 7º, prescrevendo a educação como uma garantia constitucional e a Lei Estadual n. 2.207/2000, vigente à época do falecimento do segurado, bem como a Lei Federal n. 9.250/1995, sustentam a legalidade de o estudante universitário perceber o benefício previdenciário 'pensão por morte' em decorrência do falecimento de seu genitor, até a idade de 24 anos" (TJMS — AC 2008.032020-5/0000-00 — Rel. Des. Rubens Bergonzi Bossay — DJe 10.3.2009 — p. 29).

(138) Tratando-se de pensão pela morte do pai, a obrigação é devida da data do evento danoso até a menor completar 25 anos, consoante precedentes do STJ. 3. Recurso provido em parte. Decisão unânime (TJAP — AC 184504 — (792) — C. Ún. — Rel. Des. Agostino Silvério — DJAP 9.8.2006 — p. 13).

(139) Tratando-se de vítima solteira que vivia em companhia dos pais, contribuindo para as despesas do lar, razoável fixar-se a indenização por morte em pensão mensal aos seus pais, consistente em 2/3 do salário mínimo até o momento em que viesse a completar 30 (trinta) anos de idade (TAMG — AP 0249753-8 — (15909) — Aimorés — 1ª C. Cív. — Rel. Juiz Silas Vieira — J. 16.12.1997).

(140) "*Habeas Corpus*. Alimentos devidos em razão de ato ilícito. Prisão Civil. Ilegalidade. 1. Segundo a pacífica jurisprudência do Superior Tribunal de Justiça, é ilegal a prisão civil decretada por descumprimento de obrigação alimentar em caso de pensão devida em razão de ato ilícito. 2. Ordem concedida" (182228 SP 2010/0150188-2, 4ª Turma, Rel. Min. João Otávio de Noronha, Data de Julgamento: 1.3.2011, Data de Publicação: DJe 11.3.2011).

equivalente a 2/3 do salário mínimo dos 14 anos até 25 anos de idade da vítima e reduzido para 1/3 até a data em que o *de cujus* completaria 65 anos. Há, ainda, a necessidade de constituição de capital para assegurar o pagamento das prestações futuras do pensionamento, consoante a orientação jurisprudencial uniformizada na 2ª Seção do STJ é no sentido da exigência de tal garantia(141).

A pensão devida à família em razão da morte de filho menor deve ser fixada em 2/3 do salário mínimo, a contar da data em que este completaria 14 anos de idade, época em que estaria constitucionalmente autorizado a trabalhar como menor aprendiz, até a idade de 25 anos, faixa etária em que se presume que deixaria o lar paterno, sendo que a partir daí impõe-se a redução da pensão a 1/3 do salário mínimo até o limite de 65 anos de idade(142).

No caso de morte da esposa que não exercia atividade remunerada, mas que contribuía para o lar nos serviços domésticos, também é admissível a indenização referente ao pensionamento, fixando-se a pensão em um salário mínimo.

Por fim, cumpre atentar-se de que é possível a cumulação da pensão indenizatória com a previdenciária, se a vítima mantinha vínculo com o instituto de seguridade social, já que a indenização acidentária não exclui a do direito comum, em caso de dolo ou culpa grave do empregador, conforme Súmula n. 229 do STF. Entretanto, em se tratando de seguro obrigatório, o valor do recebimento deste deve ser deduzido de eventual indenização judicialmente fixada (STJ, Súmula n. 246).

8. *Da indenização em caso de lesão ou ofensa à saúde*

O art. 949 do Código Civil trata dos danos materiais decorrentes de lesão física ou à saúde, mas não exclui a possibilidade da reparação do dano moral e dano estético quando faz a seguinte ressalva: "(...) além de algum outro prejuízo que o ofendido prove haver sofrido (...)". Desta forma, o ofensor indenizará o ofendido das despesas do tratamento e dos lucros cessantes até ao fim da convalescença, bem como os danos morais e estéticos.

Neste sentido, comprovada a negligência patronal no acidente que resultou na perda de parte do dedo anular da mão esquerda do trabalhador, vez que a empresa não fiscalizava eficazmente os serviços, resulta inequívoco o dever de indenizar os danos decorrentes. A alteração anatômica com perda de qualidade física, com impacto mental e psíquico, produzindo limitação profissional e sequela física permanente, confere suporte ao decreto condenatório no tocante à indenização

---

(141) STJ — REsp 760.054 — (2005/0100399-5) — 4ª T — Rel. Min. Aldir Passarinho Junior — DJe 22.6.2009.
(142) TJMS — AC 2006.003294-0/0000-00 — Nova Andradina — Rel. Des. Sideni Soncini Pimentel — J. 22.1.2009.

por dano moral, este associado à perda parcial definitiva da capacidade laborativa, incidindo, portanto, os arts. 949, 950 e 951 do Código Civil[143].

Se da ofensa resultar defeito pelo qual o ofendido não possa exercer o seu ofício ou profissão, ou se lhe diminua a capacidade de trabalho, a indenização, além das despesas do tratamento e lucros cessantes até ao fim da convalescença, incluirá pensão correspondente à importância do trabalho para que se inabilitou, ou da depreciação que ele sofreu.

Cumpre observar que os danos oriundos das situações previstas nos arts. 949 e 950 do Código Civil de 2002 devem ser analisados em conjunto, para o efeito de atribuir indenização por perdas e danos materiais, cumulada com dano moral e estético.

Os danos estéticos devem ser indenizados independentemente do ressarcimento dos danos morais, sempre que tiverem causa autônoma e a possibilidade de sua cumulação com o dano moral está disposta na Súmula n. 387 do STJ.

Poderá, portanto, o lesado exigir que a indenização, sob a forma de pensionamento, seja arbitrada e paga de uma só vez, conforme parágrafo único do art. 950 do Código Civil, salvo se houver impossibilidade econômica do devedor, caso em que o juiz poderá fixar outra forma de pagamento, atendendo à condição financeira do ofensor e aos benefícios resultantes do pagamento antecipado, nos termos do Enunciado n. 381 do CJF.

A incapacidade permanente para o trabalho é aquela em que não se tem previsão do tempo de sua duração, já a temporária é aquela que demanda um afastamento temporário por parte da vítima de suas atividades laborativas. Sendo assim, para fixação do *quantum debeatur* indenizatório, há necessidade de se comprovar o grau da incapacidade mediante perícia médica. Assim, para fins de reparação civil pela incapacidade, basta se demonstrar que do acidente de trabalho com culpa do empregador e nexo causal resultou a inaptidão laboral, ainda que temporária, para a profissão que a vítima exercia antes do acometimento, nos termos do art. 950 do Código Civil. O valor da indenização, no entanto, deverá ser proporcional ao dano causado e ao grau de culpa do ofensor; já no tocante ao pensionamento, a lei concedeu à vítima o direito de pleitear a indenização em parcela única, conforme art. 950 e parágrafo único do Código Civil[144].

Tem-se, portanto, que resultam inabilitação ou redução para o trabalho as deformidades ou aleijões, permanentes ou temporários.

---

(143) TRT 2ª R. — RO 03140-2006-203-02-00-8 — 4ª T. — Rel. Juiz Ricardo Artur Costa e Trigueiros — DOE/SP 20.1.2009.

(144) TRT 14ª R. — RO 00274.2008.091.14.00-0 — Rel. Juiz Fed. Conv. Shikou Sadahiro — DE 26.2.2009.

9. Da indenização em caso de usurpação e esbulho

No caso de usurpação ou esbulho do alheio, além da restituição da coisa, a inde-nização consistirá em pagar o valor das suas deteriorações e o devido a título de lucros cessantes; faltando a coisa, dever-se-á reembolsar o seu equivalente ao prejudicado.

Em se tratando de contrato de arrendamento mercantil, rescindida a relação contratual por inadimplemento, estaria constituído o esbulho possessório de forma automática, independentemente de informação oficial de tal condição, o que, de fato, ocorre a partir do protesto da nota promissória a ele vinculada. Portanto, a resolução do contrato de *leasing* opera-se de plano a partir do momento em que restou configurado o inadimplemento da arrendatária, independentemente de notificação premonitória, se existente no contrato cláusula resolutória expressa. A retenção do bem após a rescisão automática do contrato torna injusta a posse, caracterizando esbulho possessório, autorizador da reintegração liminar da posse[145].

Como se sabe, o esbulho consiste em atos empregados mediante a posse violenta, clandestina, ou fraudulenta de bens móveis ou imóveis, sendo que a ação cabível é a conhecida reintegração de posse cumulada com pedido de indenização por perdas e danos, além dos lucros cessantes se no caso da privação do bem deixou de ganhar durante este período, sendo exemplos clássicos na literatura o taxista que deixa de ganhar e o dono do imóvel que deixa de alugá-lo. Sendo coerente aplicar a regra por analogia à turbação possessória.

10. Da indenização em caso de ofensa à honra

A honra é classificada em subjetiva e objetiva. Subjetiva é decorrente do que cada um pensa a respeito de si, seja nos seus atributos internos ou externos. Objetiva é decorrente da reputação que a pessoa goza no meio social, assim, ofendem a honra objetiva os crimes de calúnia e difamação, sendo que a injúria aplica-se à honra subjetiva.

Evidentemente que da ofensa à honra, subjetiva ou objetiva, decorrem danos, sejam eles emergentes, lucros cessantes e morais, note-se, na prática, os danos materiais são mais difíceis de comprovação, cabendo a reparação do dano moral pelo simples fato da violação.

Assim, na ação de indenização por ato ilícito incumbe ao Autor provar de forma satisfatória os elementos caracterizadores da responsabilidade civil do Demandado. Não é qualquer suscetibilidade ou melindre que pode ensejar

---

(145) STJ, REsp 329.932/SP, Rel. Ministra Nancy Andrighi, Terceira Turma, julgado em 11.12.2001, DJ 3.6.2002 p. 202. TJPE — AC 103837-1 — Rel. Des. Frederico Ricardo de Almeida Neves — DJ 26.11.2008.

indenização por dano moral, sob pena de se desvirtuar o instituto, criando fonte de enriquecimento injusto. Não delineada na prova coligida a existência de dano e do nexo causal, a pretensão se vê despida de dois dos pressupostos basilares da obrigação de indenizar, o que acarreta o insucesso da ação proposta. Não vislumbrando nas palavras do Réu, o intuito deliberado de ofender a honra, imagem e bom nome do Autor, tendo o Apelado tão somente se exaltado em sua crítica ao Apelante, sem que tal exaltação configure excesso ilícito a ensejar a sua condenação ao pagamento de indenização, deve a pretensão indenizatória ser afastada[(146)].

Essa temática se apresenta corriqueiramente na Justiça do Trabalho sob a denominação do conhecido Assédio Moral que, segundo Marie-France Hirigoeyen, é "toda e qualquer conduta abusiva manifestando-se sobretudo por comportamentos, palavras, atos, gestos, escritos que possam trazer dano à personalidade, à dignidade ou à integridade física ou psíquica de uma pessoa, por (*sic*) em perigo seu emprego ou degradar o ambiente de trabalho" (*A violência perversa do cotidiano*, p. 22). O fenômeno recebe denominações diversas no direito comparado: *mobbing* (Itália, Alemanha e países escandinavos), *bullying* (Inglaterra), *harassment* (Estados Unidos), "*harcèlement* moral" (França), *ijime* (Japão), "psicoterror laboral" ou "acoso moral" (em países de língua espanhola), terror psicológico, tortura psicológica ou humilhações no trabalho (em países de língua portuguesa). A doutrina destaca que o assédio moral como uma conduta abusiva, de natureza psicológica, que atenta contra a dignidade psíquica do indivíduo, de forma reiterada, possui quatro ele-mentos, a saber: "a) Conduta abusiva; b) Natureza psicológica do atentado à dignidade psíquica do indivíduo; c) Reiteração da Conduta; d) Finalidade de ex-clusão" (Rodolfo Pamplona Filho). Com efeito, a conduta de superior hierárquico que deliberadamente degrada as condições de trabalho, por meio da repetição diária de gestos por longo tempo de atos, palavras, comentários e críticas hostis e depreciativas, agravadas por palavras de "baixo calão", aos seus subordinados em geral e, especificamente, a determinado funcionário, expõe a pessoa a uma situação vexatória, incômoda e humilhante incompatível com a ética, com o respeito à dignidade da pessoa humana é profundamente ofensiva à honra, à imagem do trabalhador, devendo ser prontamente reprimida pelo Poder Judiciário. A fórmula encontrada, pelo direito, para rechaçar a conduta patronal é impor-lhe a obrigação de pagar ao trabalhador uma indenização por dano moral, não como forma de ressarcimento de danos, mas para reparar a ofensa psíquica que sofreu (CC, arts. 186, 87 e 927). É evidente que tal conduta de pessoa que exerce função relevante na empresa não pode ser suportada, devendo o reclamado arcar com a indenização pelo dano imaterial (CC art. 932, III), em função do assédio moral ao reclamante[(147)].

---

(146) TJSE — AC 2008207619 — (1225/2009) — 2ª C.Cív. — Rel. Des. Osório de Araujo Ramos Filho — J. 19.2.2009.

(147) TRT 15ª R. — RO 0350-2005-020-15-00-1 — (52805/06) — 10ªC — Rel. Juiz José Antonio Pancotti — DOESP 10.11.2006 — p. 65.

O dano moral, devido à sua natureza imaterial, subsume-se àqueles casos em que o juiz, inspirado pela lógica do razoável, deve prudentemente arbitrar o valor necessário à compensação do ofendido pela conduta ilícita (CC, art. 950, parágrafo único e art. 953, parágrafo único). Entretanto, alguns critérios objetivos devem nortear essa fixação por arbitramento, tais como: a estipulação de um valor compatível com a reprovabilidade da conduta ilícita, a intensidade e duração do sofrimento experimentado pela vítima, a capacidade socioeconômica e financeira das partes e outras circunstâncias específicas de cada caso concreto. Nesse contexto, o ponto ótimo a ser alcançado é aquele em que o valor arbitrado sirva como punição da conduta ilícita e cumpra o caráter pedagógico de desestimular a reincidência dessa conduta, sendo que do outro lado da balança se deve buscar apenas a compensação do ofendido, pois o que passar disso caracterizar-se-á como fonte de enriquecimento sem causa[(148)].

Por fim, inúmeros são os casos que encontramos na jurisprudência no tocante à violação da honra, que vão desde o assédio moral como acima citado, passando pela imprensa em notícias com tom jocosos[(149)], as injúrias raciais[(150)], negativação indevida do consumidor[(151)], etc.

11. *Da indenização por ofensa à liberdade pessoal*

O direito à liberdade é consagrado na Constituição Federal como direito fundamental e abrange do direito subjetivo do ser humano desde o ir e vir à forma de conduzir sua vida de acordo com sua vontade, para tanto, o Código Civil, no

---

(148) TRT 23ª R. — RO 00349.2008.021.23.00-2 — Rel. Des. Edson Bueno — J. 27.1.2009.

(149) RESPONSABILIDADE CIVIL — IMPRENSA (PUBLICAÇÃO DE NOTÍCIA OFENSIVA) — OFENSA A HONRA — DANO MORAL — VALOR DA INDENIZAÇÃO — CONTROLE PELO STJ — 1. Quem pratica pela imprensa abuso no seu exercício responde pelo prejuízo que causa. Violado direito, ou causado prejuízo, impõe-se seja reparado os danos. Caso de reparação de dano moral, inexistindo, nesse ponto, ofensa a texto de Lei Federal. 2. Em não sendo mais aplicável a indenização a que se refere a Lei n. 5.250/1967, deve o juiz no entanto quantificá-la moderadamente. 3. Caso em que a indenização foi moderadamente arbitrada. 4. Recurso especial conhecido pelo dissídio, mas improvido (STJ — REsp 53964 — RJ — 3ª T. — Rel. Min. Nilson Naves — DJU 15.6.1998 — p. 110).

(150) RACISMO — DANO MORAL — COMPROVAÇÃO — OFENSA À HONRA — DISCRIMINAÇÃO EM RAZÃO DA COR — VALOR INDENIZATÓRIO — REDUÇÃO — Comprovada a agressão física e a ofensa com palavras, com a nítida intenção de denegrir a honra e a imagem da vítima em razão de sua cor, é devida a indenização. O Julgador deve sempre atentar para as circunstâncias fáticas; para a gravidade objetiva do dano, seu efeito lesivo; as condições sociais e econômicas do ofensor e da vítima, a fim de que não haja enriquecimento do ofendido, mas para que a indenização corresponda a um desestímulo a novas e futuras agressões. Apelação provida em parte (TJMG — AC 2.0000.00.454830-7/000 — 10ª T. — Rel. Min. Roberto Borges de Oliveira — DJMG 14.1.2006).

(151) APELAÇÃO CÍVEL — DANO MORAL — CARTÃO DE CRÉDITO — NEGATIVAÇÃO INDEVIDA — VALOR DA INDENIZAÇÃO — I — Responde por dano moral a administradora de cartão de crédito que, indevidamente, encaminha para o cadastro de inadimplentes o nome de cliente por dívida inexistente. II — Mantém-se o *quantum* indenizatório fixado segundo os princípios da razoabilidade e proporcionalidade (TJDFT — APC 20030710014980 — 2ª T.Cív. — Rel. Fernando Habibe — DJU 14.1.2009).

parágrafo único do art. 954, considera ofensivo a liberdade pessoal: o cárcere privado; a prisão por queixa ou denúncia falsa e de má-fé; a prisão ilegal.

O cárcere privado é crime tipificado no art. 148 do Código Penal, sendo que a privação da liberdade, ou seja, o cárcere, pode se dar em, inclusive, com a internação da vítima em casa de saúde ou hospital, sendo que a pena será mais grave se cometida contra a vítima ascendente, descendente, cônjuge ou companheiro do agente ou maior de 60 (sessenta) anos, menores de dezoito anos, se o crime é cometido com fins de prática de atos libidinosos ou se resultar maus-tratos geradores de graves sofrimentos físicos ou psíquicos.

Dar causa à instauração de investigação policial, de processo judicial, instauração de investigação administrativa, inquérito civil ou ação de improbidade administrativa contra alguém, imputando-lhe crime de que o sabe inocente ou provocar a ação de autoridade, comunicando-lhe a ocorrência de crime ou de contravenção que sabe não se ter verificado são outras hipóteses que dão ensejo à ocorrência de ofensa à liberdade pessoal.

Há, ainda, a prisão ilegal em que o Estado responde objetivamente pelos danos causados por atos de seus agentes nos termos da Constituição Federal art. 37, § 6º.

Tem-se, portanto, nesses casos que a indenização por ofensa à liberdade pessoal consistirá no pagamento das perdas e danos que sobrevierem ao ofendido, e se este não puder provar prejuízo, tem aplicação o disposto no parágrafo único do artigo antecedente.

Sendo importante lembrar que cabe indenização nos casos de mandado de prisão decretado por autoridade incompetente, de prisão ilegal decorrente de erro judicial, e por excesso de prisão, e, por fim, que não cabe indenização àquele acusado que teve sua condenação reformada em instância superior.

CAPÍTULO IX

RESPONSABILIDADE DO ESTADO

1. *Teoria do risco administrativo*[152]

A teoria da responsabilidade objetiva do Estado está consagrada no art. 37, § 6º, da Constituição Federal e impõe ao poder público o dever de ressarcir os danos que seus agentes, nessa qualidade, causem a terceiros, independentemente da comprovação de culpa. Portanto, para a caracterização da obrigação de indenizar, exige-se a presença de certos elementos. São eles: (a) o fato lesivo; (b) a causalidade material entre o *eventus damni* e o comportamento positivo (ação) ou negativo (omissão) do agente público (nexo de causalidade) e (c) o dano. Na ausência de algum desses requisitos ou na presença de causa excludente ou atenuante — culpa exclusiva ou concorrente da vítima no evento danoso —, a responsabilidade estatal será afastada ou mitigada[153]. Adota-se, como regra geral, a teoria do risco administrativo, que admite a arguição das respectivas excludentes de responsabilidade.

2. *Responsabilidade por omissão do Estado*

Para a configuração da responsabilidade do Estado em sentido amplo, necessária a comprovação do dano, do fato administrativo e do nexo de causalidade,

(152) (FGV — 2008). A responsabilidade objetiva do Estado por dano causado a terceiros está fundamentada na:
a) teoria do risco administrativo.
b) teoria civilista da culpa administrativa.
c) responsabilidade subjetiva do Estado.
d) ideia de soberania do Estado.
e) distinção entre atos de império e atos de gestão.

(153) TRF 5ª R. — AC 2006.83.00.007134-3 — (456673/PE) — 1ª T. — Rel. Des. Fed. Francisco Cavalcanti — DJe 13.3.2009 — p. 308.

e que, no caso de ato omissivo também é prescindível a comprovação de que a Administração estava obrigada a impedir o prejuízo causado a terceiros. Configurada a omissão do Poder Público como causa do evento danoso, em face de sua negligência ao deixar, por exemplo, bueiro aberto em via pública sem qualquer sinalização, exurge a responsabilidade de pagamento do dano moral experimentado pelo autor em razão do sofrimento com as sequelas do acidente, visto que configurados os elementos atinentes à responsabilidade civil[154].

Em se tratando de ato omissivo, embora esteja a doutrina dividida entre as correntes da responsabilidade objetiva e da responsabilidade subjetiva, prevalece, na jurisprudência, a teoria subjetiva do ato omissivo, só havendo indenização por culpa do preposto[155], cabendo, portanto, à vítima o ônus da prova do dano sofrido.

Citemos como exemplo o caso dos pais que ajuizaram ação ordinária pela morte de seu filho por disparo de arma de fogo dado em festa realizada dentro da Faculdade de Direito da Universidade Federal Fluminense, onde os autores objetivam indenização por danos materiais de R$ 790,00 (setecentos e noventa reais), referentes a despesa com funeral; indenização por dano moral no valor de 500 (quinhentos) salários-mínimos, correspondendo à época do ajuizamento a R$ 150.000,00 (cento e cinquenta mil reais); e finalmente o pagamento de pensão de R$ 580,92 (quinhentos e oitenta reais e noventa e dois centavos) até a data em que a vítima/filho dos autores completaria 70 (setenta) anos de idade, sendo tais pedidos decorrentes do falecimento de seu filho Marcello de Oliveira Carvalho, em festa realizada dentro da Faculdade de Direito da UFF. Quanto à conduta omissiva, trata-se de fato incontroverso, e bem aquilatado pelo Juízo de piso, havendo divergência tão somente quanto aos valores arbitrados. *In casu*, não há que se falar em culpa exclusiva da vítima, sob alegação de que o tiro que atingiu o filho dos autores eclodiu após uma briga entre a vítima e outro indivíduo, considerando que cuidasse de omissão da apelante que não garantiu segurança às pessoas que se encontravam na festa dentro de sua propriedade, conforme delineado na sentença: "Incompreensível a conduta da universidade que priorizou a preservação de seus bens, destacando seguranças com fins de segurança estritamente patrimonial (fl. 94), sem tomar qualquer medida para a garantia da segurança (e da vida) dos jovens que estavam participando de evento no interior da Faculdade de Direito (...) O cuidado com os frequentadores é, portanto, dever do proprietário do local da festa. Essa responsabilidade torna-se ainda mais clara quando o proprietário é uma universidade pública que, naturalmente, goza de prestígio e confiança perante a sociedade. Destarte, para o público externo, independentemente de quem esteja organizando o evento, fica a certeza de que a instituição de ensino, ao permitir a sua realização, tomou todos os cuidados para a segurança dos participantes". Quanto à denunciação da lide, melhor sorte não lhe assiste, considerando ser a mesma

(154) TJMS — AC 2008.020326-0/0000-00 — Rel. Des. Dorival Renato Pavan — DJe 19.3.2009 — p. 10.
(155) STJ — REsp 721.439/RJ — (2005/0017059-9) — 2ª T. — Relª Min. Eliana Calmon — DJU 31.8.2007.

inadmissível em casos de falha na prestação de serviço, que é o caso dos autos, face à omissão da UFF. No que concerne ao valor do dano moral, deve se levar em conta o caráter punitivo e compensatório, bem como a capacidade financeira do ofensor, sendo este mitigado, quando envolva o Poder Público (STJ, Resp 819876, DJ 22.6.2006), orientado pelo princípio da razoabilidade, vislumbro correto o valor fixado. No que tange ao pensionamento, correto o pagamento de uma renda mensal equivalente a 2/3 de um salário mínimo até a idade em que completaria a vítima 25 (vinte e cinco) anos de idade, reduzindo-se o valor para o equivalente para 1/3 até a idade presumível de 65 (sessenta e cinco) anos, acrescidos de correção monetária, a partir de cada desembolso devido, e juros moratórios de 6% a.a. até a entrada em vigor do Código Civil de 2002 (11.1.2003), quando será de 12% a.a. — finalmente, no que tange à fixação da verba honorária, à luz do art. 20, § 4º, do CPC, arbitro-a em R$ 10.000,00 (dez mil reais) — Recurso da UFF e remessa necessária, parcialmente providos, e Recurso Adesivo desprovido(156).

Repita-se, é entendimento dos tribunais que a responsabilidade por omissão estatal é subjetiva, baseada na culpa (ou dolo) da Administração, que deve restar provada pela vítima. Sendo certo que os requisitos essenciais para se alcançar o dever de indenizar nestes casos são: a) ação/omissão do agente; b) culpa do agente; c) dano; d) nexo de causalidade (entre a ação/omissão e o dano); e) inexistência de excludentes da responsabilidade (culpa exclusiva da vítima, caso fortuito ou fato maior, culpa exclusiva de terceiro, etc.). Neste sentido, por exemplo, na hipótese de uma ação indenizatória calcada na responsabilidade civil do Estado por omissão decorrente da má conservação de rodovia federal que gerou acidente de trânsito e não comprovada a culpa da Administração Pública pelo evento danoso, mas, sim, a negligência do condutor que deveria conduzir o automóvel em velocidade tal que fosse possível desviar os buracos com segurança, incabível é a indenização, pois se a velocidade do veículo fosse compatível com as condições da rodovia, ao desviar dos buracos não teria a vítima perdido o controle do veículo, tampouco teria capotado o mesmo(157).

Carlos Roberto Gonçalves(158) assevera que tal posicionamento acerca da responsabilidade subjetiva do Estado por ato omissivo é de Celso Antônio Bandeira de Melo, em que a omissão configura a culpa *in omittendo* e a culpa *in vigilando*, ou seja, em casos de inércia. Portanto, se o Estado cruza os braços ou se não vigia quando deveria agir, explica o autor, o agente público omite-se, empenhando a responsabilidade do Estado por inércia, razão pela qual, no caso de dano por comportamento omissivo, a responsabilidade do Estado é subjetiva. Assim explica o nosso mestre acima citado que, para aquele "conceituado administrativista, a 'omissão' do Estado em debelar o incêndio, em prevenir enchentes, em conter a

(156) TRF 2ª R. — Ap-RN 2005.51.02.006074-5 — 8ª T.Esp. — Rel. Des. Fed. Poul Erik Dyrlund — DJe 21.7.2009 — p. 114.

(157) TRF 4ª R. — AC 2004.71.02.004662-3/RS — Rel. Márcio Antônio Rocha — DJe 19.12.2008 — p. 259.

(158) *Direito civil brasileiro*: responsabilidade civil, v. IV, p. 140.

multidão, em obstar ao comportamento injurídico de terceiro, terá sido 'condição' da ocorrência do dano, mas 'causa' não foi e, assim, a responsabilidade do Estado será subjetiva".

Adiante pontifica o jurista, professor e desembargador Carlos Roberto Gonçalves[(159)] que é possível "afirmar que a jurisprudência, malgrado alguma divergência[(160)], tem entendido que a atividade administrativa que alude o art. 37, § 6º, da Constituição Federal abrange tanto a conduta comissiva como a omissiva. No último caso, desde que a omissão seja a causa direta e imediata do dano". Neste sentido, o STF[(161)] se posicionou em 1996 no julgamento de caso referente a acidente ocorrido nas dependências de escola municipal, por omissão da administração em evitar que uma criança, durante o recreio, atingisse o olho de outra, acarretando-lhe a perda do globo ocular, *verbis:*

> INDENIZAÇÃO — RESPONSABILIDADE OBJETIVA DO PODER PÚBLICO — TEORIA DO RISCO ADMINISTRATIVO — PRESSUPOSTOS PRIMÁRIOS DE DETERMINAÇÃO DESSA RESPONSABILIDADE CIVIL — DANO CAUSADO A ALUNO POR OUTRO ALUNO IGUALMENTE MATRICULADO NA REDE PÚBLICA DE ENSINO — PERDA DO GLOBO OCULAR DIREITO — FATO OCORRIDO NO RECINTO DE ESCOLA PÚBLICA MUNICIPAL — CONFIGURAÇÃO DA RESPONSABILIDADE CIVIL OBJETIVA DO MUNICÍPIO — INDENIZAÇÃO PATRIMONIAL DEVIDA — RECURSO EXTRAORDINÁRIO NÃO CONHECIDO. RESPONSABILIDADE CIVIL OBJETIVA DO PODER PÚBLICO — PRINCÍPIO CONSTITUCIONAL. — A teoria do risco administrativo, consagrada em sucessivos documentos constitucionais brasileiros desde a Carta Política de 1946, confere fundamento doutrinário à responsabilidade civil objetiva do Poder Público pelos danos a que os agentes públicos houverem dado causa, por ação ou por omissão. Essa concepção teórica, que informa o princípio constitucional da responsabilidade civil objetiva do Poder Público, faz emergir, da mera ocorrência de ato lesivo causado à vítima pelo Estado, o dever de indenizá-la pelo dano pessoal e/ou patrimonial sofrido, independentemente de caracterização de culpa dos agentes estatais ou de demonstração de falta do serviço público. — Os elementos que compõem a estrutura e delineiam o perfil da respon-sabilidade civil objetiva do Poder Público compreendem (a) a alteridade do dano, (b) a causalidade material entre o *eventus damni* e o comportamento positivo (ação) ou negativo (omissão) do agente público, (c) a oficialidade da atividade causal e lesiva, imputável a agente do Poder Público, que tenha, nessa condição funcional, incidido em conduta comissiva ou omissiva, independentemente da licitude, ou não, do com-portamento funcional (RTJ 140/636) e (d) a ausência de causa excludente da respon-sabilidade estatal (RTJ 55/503 — RTJ 71/99 — RTJ 91/377 — RTJ 99/1155 — RTJ 131/417). — O princípio da responsabilidade objetiva não se reveste de caráter absoluto, eis que admite o

(159) *Ibidem*, p. 142.

(160) A qualificação do tipo de responsabilidade imputável ao Estado, se objetiva ou subjetiva, constitui circunstância de menor relevo quando as instâncias ordinárias demonstram, com base no acervo probatório, que a inoperância estatal injustificada foi condição decisiva para a produção do resultado danoso (AI 600652 AgR/PR, 2ª Turma, Rel. Min. Joaquim Barbosa, j. 4.10.2011).

(161) RE 109.615-RJ.

abrandamento e, até mesmo, a exclusão da própria responsabilidade civil do Estado, nas hipóteses excepcionais configuradoras de situações liberatórias — como o caso fortuito e a força maior — ou evidenciadoras de ocorrência de culpa atribuível à própria vítima (RDA 137/233 — RTJ 55/50). RESPONSABILIDADE CIVIL DO PODER PÚBLICO POR DANOS CAUSADOS A ALUNOS NO RECINTO DE ESTABELECIMENTO OFICIAL DE ENSINO. — O Poder Público, ao receber o estudante em qualquer dos estabelecimentos da rede oficial de ensino, assume o grave compromisso de velar pela preservação de sua integridade física, devendo empregar todos os meios necessários ao integral desempenho desse encargo jurídico, sob pena de incidir em responsabilidade civil pelos eventos lesivos ocasionados ao aluno. A obrigação governamental de preservar a intangibilidade física dos alunos, enquanto estes se encontrarem no recinto do estabelecimento escolar, constitui encargo indissociável do dever que incumbe ao Estado de dispensar proteção efetiva a todos os estudantes que se acharem sob a guarda imediata do Poder Público nos estabelecimentos oficiais de ensino. Descumprida essa obrigação, e vulnerada a integridade corporal do aluno, emerge a responsabilidade civil do Poder Público pelos danos causados a quem, no momento do fato lesivo, se achava sob a guarda, vigilância e proteção das autoridades e dos funcionários escolares, ressalvadas as situações que descaracterizam o nexo de causalidade material entre o evento danoso e a atividade estatal imputável aos agentes públicos.

Caracteriza-se a responsabilidade civil objetiva do Poder Público em decorrência de danos causados, por invasores, em propriedade particular, quando o Estado se omite no cumprimento de ordem judicial para envio de força policial ao imóvel invadido[162]. Cabendo, todavia, ao Estado a possibilidade de excluir tal responsabilidade pela arguição das excludentes que rompem o nexo causal, como já visto anteriormente[163].

Interessante é o exemplo citado por Carlos Roberto Gonçalves[164] a respeito do posicionamento do STF[165] que entendeu, na oportunidade, inexistir responsabilidade civil do Estado por dano decorrente de assalto por quadrilha de que fazia parte preso foragido vários meses antes. Vale à pena conferir, *verbis:*

Responsabilidade civil do Estado. Dano decorrente de assalto por quadrilha de que fazia parte preso foragido vários meses antes. — A responsabilidade do Estado, embora objetiva por força do disposto no art. 107 da Emenda Constitucional n. 1/1969 (e, atualmente, no § 6º do art. 37 da Carta Magna), não dispensa, obviamente, o requisito,

(162) STF, RE n. 283.989/PR.

(163) "Responsabilidade objetiva do Estado. Ocorrência de culpa exclusiva da vítima. — Esta Corte tem admitido que a responsabilidade objetiva da pessoa jurídica de direito público seja reduzida ou excluída conforme haja culpa concorrente do particular ou tenha sido este o exclusivo culpado (Ag. 113.722-3-AgRg e RE 113.587). — No caso, tendo o acórdão recorrido, com base na análise dos elementos probatórios cujo reexame não e admissível em recurso extraordinário, decidido que ocorreu culpa exclusiva da vítima, inexistente a responsabilidade civil da pessoa jurídica de direito público, pois foi a vítima que deu causa ao infortúnio, o que afasta, sem dúvida, o nexo de causalidade entre a ação e a omissão e o dano, no tocante ao ora recorrido. Recurso extraordinário não conhecido (STF, RE 120924/SP, 1ª Turma, Rel. Min. Moreira Alves, j. 1.993).

(164) *Op. cit.*, p. 143.

(165) RE n. 130.764/PR.

também objetivo, do nexo de causalidade entre a ação ou a omissão atribuída a seus agentes e o dano causado a terceiros. — Em nosso sistema jurídico, como resulta do disposto no art. 1.060 do Código Civil, a teoria adotada quanto ao nexo de causalidade e a teoria do dano direto e imediato, também denominada teoria da interrupção do nexo causal. Não obstante aquele dispositivo da codificação civil diga respeito a impropriamente denominada responsabilidade contratual, aplica-se ele também a responsabilidade extracontratual, inclusive a objetiva, até por ser aquela que, sem quaisquer considerações de ordem subjetiva, afasta os inconvenientes das outras duas teorias existentes: a da equivalência das condições e a da causalidade adequada. — No caso, em face dos fatos tidos como certos pelo acórdão recorrido, e com base nos quais reconheceu ele o nexo de causalidade indispensável para o reconhecimento da responsabilidade objetiva constitucional, e inequívoco que o nexo de causalidade inexiste, e, portanto, não pode haver a incidência da responsabilidade prevista no art. 107 da Emenda Constitucional n. 1/1969, a que corresponde o § 6º do art. 37 da atual Constituição. Com efeito, o dano decorrente do assalto por uma quadrilha de que participava um dos evadidos da prisão não foi o efeito necessário da omissão da autoridade pública que o acórdão recorrido teve como causa da fuga dele, mas resultou de concausas, como a formação da quadrilha, e o assalto ocorrido cerca de vinte e um meses após a evasão. Recurso extraordinário conhecido e provido.

Por fim, é importante lembrar que este livro é voltado também para o exame da OAB, neste sentido, a orientação a ser dada é de que o examinador não indaga mais apenas o texto da lei, mas sim posições jurisprudenciais e sumular, portanto, quanto a responsabilidade do Estado, o candidato deverá responder que é objetiva por atos comissivos e subjetiva por atos omissivos, como se pode verificar nas questões abaixo, as quais já foram objeto de prova.

(Q11/EO2/2007). Com relação ao instituto da responsabilidade civil do Poder Público, previsto no art. 37, § 6º, da Constituição Federal, considere as assertivas abaixo.

I — Tal dispositivo adotou a teoria da responsabilidade objetiva.

II — Aplica-se às concessionárias de serviços públicos.

III — A propositura da ação de regresso contra o agente causador do dano prescinde de condenação do Poder Público na ação de indenização.

Quais são corretas?

a) apenas II.

b) apenas III.

c) apenas I e II.

d) apenas II e III.

(OAB/Exame Unificado — 2008.2) Josué, condenado por latrocínio e estelionato, cumprindo pena em regime aberto, fugiu várias vezes do estabelecimento

prisional. Embora sempre localizado e novamente detido pelas autoridades policiais, ele não foi submetido à regressão de regime prisional. Durante a oitava fuga, Josué praticou estupro contra criança de 12 anos de idade. Tendo por base essa situação hipotética, assinale a opção correta acerca da responsabilidade do Estado.

a) Configura-se, no caso, responsabilidade subjetiva do Estado em face do fato de Josué não ter sido submetido à regressão do regime prisional e de ter cometido o crime em ocasião em que deveria estar preso[166].

b) Neste caso, é impossível a configuração do nexo causal, pois não houve uma conduta positiva, ou seja, um agir, por parte da administração pública.

c) Na situação apresentada, sequer cabe discutir a responsabilização do Estado, pois o ato danoso praticado foi realizado por um particular, Josué, e não por um agente público.

d) À situação apresentada é aplicável a teoria do risco integral.

(OAB/ Exame Unificado — 2007.1). Quanto à responsabilidade extracontratual do Estado, assinale a opção correta.

a) Prevalece o entendimento de que, nos casos de omissão, a responsabilidade extracontratual do Estado é subjetiva, sendo necessário, por isso, perquirir acerca da culpa e do dolo.

b) A vítima de dano causado por ato comissivo deve ingressar com ação de indenização por responsabilidade objetiva contra o servidor público que praticou o ato.

c) Não há responsabilidade civil do Estado por dano causado pelo rompimento de uma adutora ou de um cabo elétrico, mantidos pelo Estado em péssimas condições, já que essa situação se insere no conceito de caso fortuito.

d) Proposta a ação por danos materiais e morais contra o Estado, sob o fundamento de sua responsabilidade objetiva, é imperioso que este, conforme entendimento prevalecente, denuncie à lide o respectivo servidor alegadamente causador do dano.

3. Responsabilidade do Estado por atos judiciais

Dispõe o art. 133, I, do Código de Processo Civil de 1973 que o juiz responderá por perdas e danos quando no exercício de suas funções proceder com dolo ou

(166) *Vide* STF, RE 409.203/RS.

fraude. Já a Constituição Federal de 1988 dispõe no § 6º do art. 37 que as pessoas jurídicas de direito público e as de direito privado prestadoras de serviços públicos responderão pelos danos que seus agentes, nessa qualidade, causarem a terceiros, assegurado o direito de regresso contra o responsável nos casos de dolo ou culpa.

Carlos Roberto Gonçalves[(167)] aduz firmado na jurisprudência do Estado de São Paulo que a responsabilidade civil do magistrado somente se configura quando se apura ação dolosa ou fraudulenta, e não pelo simples fato de haver errado. Ora, data máxima vênia, se deste erro resultou dano, não haverá obrigação de indenizar pelo simples fato de ter errado? Note-se, que o erro (culpa) não é tão simples assim, pois este pode levar anos para ser reparado nas Instâncias Superiores.

Não podemos nos esquecer que o magistrado é agente do Estado, respondendo este objetivamente pelos danos causados por aqueles, cabendo o direito de regresso contra o agente responsável, nos casos de dolo ou culpa.

Entretanto, outra é a orientação para o Exame da OAB, pois só haverá responsabilidade por ato jurisdicional se houver dolo ou fraude do juiz (CPC, art. 133, I) e por erro judiciário e prisão além do tempo fixado na sentença (CF, art. 5º, LXXV), sendo certo afirmar mais uma vez que a responsabilidade do Estado é calcada na teoria do risco administrativo, admitindo, portanto, excludentes de responsabilidade[(168)].

4. Denunciação à lide

A lei processual civil impõe a obrigatoriedade da denunciação à lide aquele que estiver obrigado pela lei ou pelo contrato a indenizar, em ação regressiva, o prejuízo do que perder a demanda (CPC, art. 70, III).

---

(167) *Op. cit.*, p. 44.

(168) (FGV — 2007). Assinale as afirmativas a seguir:

I — Apesar de a Constituição Federal ditar que 'o Estado indenizará o condenado por erro judiciário, assim como o que ficar preso além do tempo fixado na sentença', a regra é a irresponsabilização do Estado por atos de jurisdição.

II — A Constituição Federal de 1988 adotou a Teoria da Responsabilidade Objetiva do Estado, teoria que se fundamenta no risco administrativo e que isenta o lesado de provar a culpa do agente estatal, bastando que se aponte o nexo causal entre o fato administrativo e o dano.

III — A Teoria da Responsabilidade Objetiva do Estado não prevê excludentes, por isso só se aplica às condutas ilícitas do Estado.

Assinale:

a) se nenhuma afirmativa estiver correta.

b) **se somente as afirmativas I e II estiverem corretas.**

c) se somente as afirmativas I e III estiverem corretas.

d) se somente as afirmativas II e III estiverem corretas.

e) se todas as afirmativas estiverem corretas.

Todavia, a denunciação da lide ao servidor público nos casos de indenização fundada na responsabilidade objetiva do estado não deve ser considerada como obrigatória, pois impõe ao autor manifesto prejuízo à celeridade na prestação jurisdicional. Haveria em um mesmo processo, além da discussão sobre a responsabilidade objetiva referente à lide originária, a necessidade da verificação da responsabilidade subjetiva entre o ente público e o agente causador do dano, a qual é desnecessária e irrelevante para o eventual ressarcimento do particular. Ademais, o direito de regresso do ente público em relação ao servidor, nos casos de dolo ou culpa, é assegurado no art. 37, § 6º, da Constituição Federal, o qual permanece inalterado ainda que inadmitida a denunciação da lide, sendo esta a orientação pacífica das turmas de direito público do Superior Tribunal de Justiça[(169)].

Por outro lado, segundo o entendimento do STF, "o § 6º do art. 37 da Magna Carta autoriza a proposição de que somente as pessoas jurídicas de direito público, ou as pessoas jurídicas de direito privado que prestem serviços públicos, é que poderão responder, objetivamente, pela reparação de danos a terceiros. Isso por ato ou omissão dos respectivos agentes, agindo estes na qualidade de agentes públicos, e não como pessoas comuns. Esse mesmo dispositivo constitucional consagra, ainda, dupla garantia: uma em favor do particular, possibilitando-lhe ação indenizatória contra a pessoa jurídica de direito público ou de direito privado que preste serviço público, dado que bem maior, praticamente certa, a possibilidade de pagamento do dano objetivamente sofrido. Outra garantia, no entanto, em prol do servidor estatal, que somente responde administrativa e civilmente perante a pessoa jurídica a cujo quadro funcional se vincular".

5. *Responsabilidade subsidiária do Estado*

Na ausência ou insuficiência de recursos financeiros e patrimônio das prestadoras de serviços públicos, o Estado responderá subsidiariamente, como ocorre nos contratos de prestação de serviços terceirizados, uma vez que o inadimplemento das obrigações trabalhistas, por parte do empregador, implica a responsabilidade subsidiária do tomador dos serviços quanto àquelas obrigações, inclusive quanto aos órgãos da administração direta, das autarquias, das fundações públicas, das empresas públicas e das sociedades de economia mista, desde que hajam participado da relação processual e que constem também do título executivo judicial, conforme Enunciado n. 331, IV, do TST.

6. *Prescrição nas ações contra o Estado*

É de cinco anos o prazo prescricional da ação de indenização contra a Fazenda Pública, nos termos do art. 1º do Decreto n. 20.910/1932, que regula a prescrição

---

(169) STJ — RESP 200302055330 — (606224 RJ) — 1ª T. — Relª Min. Denise Arruda — DJU 1º.2.2006 — p. 437.

de "todo e qualquer direito ou ação contra a fazenda federal, estadual ou municipal, seja qual for a sua natureza". A Lei n. 9.494/1997 dispõe também no seu art. 1º-C que: Prescreverá em cinco anos o direito de obter indenização dos danos causados por agentes de pessoas jurídicas de direito público e de pessoas jurídicas de direito privado prestadoras de serviços públicos. Referido artigo foi acrescentado pela Medida Provisória n. 2.180-35, de 24.8.2001, DOU 27.8.2001, em vigor conforme o art. 2º da EC n. 32/2001.

No caso das perseguições políticas durante o período da ditadura, a Lei n. 10.559/2002 regulou o procedimento para indenizar os perseguidos políticos no período de 1946 a 1988, que constitui o marco inicial para a contagem do prazo prescricional para o requerimento da indenização[(170)].

Todavia, é importante observar que são imprescritíveis as ações indenizatórias por danos decorrentes de violações a direitos fundamentais, praticadas pelo Estado, conforme estabelece o estatuto do tribunal penal internacional, cuja adesão do Brasil foi ratificada pelo presidente da república em 25.9.2002. Não obstante, a Lei n. 10.536/2002 prorrogou o termo final para propositura das ações decorrentes de abusos praticados durante o regime militar, que tinham como marco *ad quem* a edição da Lei da Anistia (1979), fixando como novo prazo final a data da promulgação da Carta Constitucional de 1988, razão pela qual não há que se falar em prescrição na espécie. Inadmissível que os tratamentos desumanos dispensados aos cidadãos tidos injustamente por subversivos durante o regime militar restem sedimentados pela barreira do tempo, avalizando as atrocidades cometidas pelo estado. O benefício concedido pela lei da anistia não exclui a reparação de danos morais sofridos, tendo em vista a natureza eminentemente diversa de um e de outro[(171)].

---

(170) TRF 4ª R. — AC 2007.70.01.007048-2 — 4ª T. — Rel. Valdemar Capeletti — DJ 15.12.2008.

(171) TRF 1ª R. — AC 19993400026686-5-DF — 6ª T. — Relª Desª Fed. Maria do Carmo Cardoso — DJU 2.4.2003.

CAPÍTULO X

RESPONSABILIDADE NO CÓDIGO DE DEFESA DO CONSUMIDOR

1. Considerações gerais

A Lei de Defesa e Proteção do Consumidor tem sua origem nas garantias constitucionais fundamentais (CF, art. 5º, XXXII), que estabeleceram o dever do Estado promover a defesa do consumidor, sendo certo afirmar, também, que o desenvolvimento da ordem econômica só será possível mediante a observação, dentre outros princípios, da defesa do consumidor (CF, art. 170, V).

Nestes termos foi sancionada a Lei n. 8.078, de 11 de setembro 1990, que em seu art. 2º trata dos primeiros conceitos de consumidor, ou seja, que consumidor é toda pessoa física ou jurídica que adquire ou utiliza produtos ou serviço como destinatário final; equiparando-se, para tanto, ao conceito de consumidor a coletividade de pessoas, ainda que indetermináveis, que haja intervindo nas relações de consumo. Portanto, empresário que adquire bens para manutenção da empresa, não visando à comercialização dos mesmos, é nessa condição destinatário final dos produtos, portanto, sob a proteção do código de defesa do consumidor[172].

Note-se que a jurisprudência do Superior Tribunal de Justiça, embora adote a teoria finalista para interpretar a expressão "destinatário final", prevista no *caput* do art. 2º do CDC, reconhece, também, a necessidade de mitigação do critério para atender a situações excepcionais em que a vulnerabilidade encontra-se demonstrada no caso concreto. Neste sentido, a relação jurídica qualificada por ser de consumo

(172) TJBA — AC 14.758-5/2006 — (21.168) — 4ª C.Cív. — Relª Desª Maria Geraldina Sá de Souza Galvão — J. 25.10.2006.

não se caracteriza pela presença de pessoa física ou jurídica em seus polos, mas pela presença de uma parte vulnerável de um lado (consumidor), e de um fornecedor, de outro (REsp n. 476428/SC). Hipótese em que, encontrando-se em situação de vulnerabilidade técnica e econômica em relação à fornecedora, a empresa-autora faz jus à aplicação da legislação consumerista no que tange à inversão do ônus da prova, nos moldes do art. 6º, VIII, do CDC[173].

Por tais razões, o legislador acrescentou mais um dispositivo legal ao art. 17 estabelecendo, também, que se equiparam aos consumidores todas as vítimas do evento, isto é, as pessoas físicas ou jurídicas que não estabeleceram nenhuma relação jurídica de consumo, mas que foram atingidas pelo evento danoso ocasionados pelos fornecedores de produtos ou serviços, como nos casos de acidentes aéreos que atingem residências e comércios locais.

Assim, a preocupação do legislador é de que a responsabilidade no código consumerista deve abraçar todos os fornecedores da cadeia econômica produtiva de consumo, isto é, que fornecedor é toda pessoa física ou jurídica, pública ou privada, nacional ou estrangeira, bem como os entes despersonalizados que desenvolvem atividades de produção, montagem, criação, construção, transformação, importação, exportação, distribuição ou comercialização de produtos ou prestação de serviços (CDC, art. 3), aplicando-se, inclusive, às instituições financeiras.

1.1. O art. 931 do Código Civil

O artigo em referência dispõe que os empresários individuais e as empresas respondem independentemente de culpa pelos danos causados pelos produtos postos em circulação.

Neste diapasão, tal artigo amplia o conceito de fato do produto existente no art. 12 do Código de Defesa do Consumidor, imputando responsabilidade civil à empresa e aos empresários individuais vinculados à circulação dos produtos, incluindo, também, os riscos de desenvolvimento[174]. Portanto, aplica-se a responsabilidade objetiva prevista no art. 931 aos empresários individuais e empresas, haja ou não relação de consumo[175].

2. *Teoria do fato do produto ou do serviço*

Referida teoria determina a responsabilidade do fornecedor do produto independentemente de culpa pelos danos causados aos consumidores por defeitos

(173) TJMT — AI 50742/2008 — Rel. Des. José Ferreira Leite — DJe 4.3.2009 — p. 19.

(174) Conforme os Enunciados ns. 42 e 43 do CJF. Já o Enunciado n. 190 esclarece que "a regra do art. 931 do novo Código Civil não afasta as normas acerca da responsabilidade pelo fato do produto previstas no art. 12 do CDC, que continuam mais favoráveis ao consumidor lesado".

(175) Conforme Enunciado n. 379 do CJF.

decorrentes desde o projeto à apresentação ou acondicionamento dos mesmos, bem como pela falta de informação sobre a sua utilização e riscos.

Definiu positivamente o legislador no § 1º do art. 12 que é defeituoso o produto quando este não oferece a segurança que dele legitimamente se espera, levando-se em consideração as circunstâncias relevantes, entre as quais:

I — sua apresentação;

II — o uso e os riscos que razoavelmente dele se esperam;

III — a época em que foi colocado em circulação.

Já no § 1º do art. 14, o legislador dispõe que: "O serviço é defeituoso quando não fornece a segurança que o consumidor dele pode esperar, levando-se em consideração as circunstâncias relevantes, entre as quais:

I — o modo de seu fornecimento;

II — o resultado e os riscos que razoavelmente dele se esperam;

III — a época em que foi fornecido".

E para não deixar dúvidas, esclarece no § 2º do mesmo artigo que "o produto não é considerado defeituoso pelo fato de outro de melhor qualidade ter sido colocado no mercado", fazendo o mesmo no § 2º do art. 14 ao dispor que "o serviço não é considerado defeituoso pela adoção de novas técnicas".

Neste momento, é importante nos atentarmos para a orientação interpretativa que nos dá o Conselho de Justiça Federal nos Enunciados das Jornadas de Direito Civil, no sentido de que "a responsabilidade civil pelo fato do produto, prevista no art. 931 do novo Código Civil, também inclui os riscos do desenvolvimento" (CJF, Enunciado n. 43) e que "o art. 931 amplia o conceito de fato do produto existente no art. 12 do Código de Defesa do Consumidor, imputando responsabilidade civil à empresa e aos empresários individuais vinculados à circulação dos produtos" (CJF, Enunciado n. 42). Entretanto, é de se esclarecer que "a regra do art. 931 do novo CC não afasta as normas acerca da responsabilidade pelo fato do produto previstas no art. 12 do CDC, que continuam mais favoráveis ao consumidor lesado" (CJF, Enunciado n. 190).

Enfim, o art. 931 do Código Civil, *verbis*: "Ressalvados outros casos previstos em lei especial, os empresários individuais e as empresas respondem, independentemente, de culpa pelos danos causados pelos produtos postos em circulação", deve ser aplicado haja ou não relação de consumo, nos termos do que nos orienta o Enunciado n. 378 do CJF.

Portanto, o fornecedor do produto só não será responsabilizado quando provar que:

I — que não colocou o produto no mercado;

II — que, embora haja colocado o produto no mercado, o defeito inexiste;

III — a culpa exclusiva do consumidor ou de terceiro.

Já o fornecedor de serviços só não será responsabilizado quando provar:

I — que, tendo prestado o serviço, o defeito inexiste;

II — a culpa exclusiva do consumidor ou de terceiro.

A exemplo disso temos o caso do afastamento da responsabilidade do fornecedor por culpa de terceiro em caso de negativação indevida de consumidora. A consumidora teve seu nome negativado pelo Banco recorrido em virtude de dívida contraída por terceiro com documentos falsificados em nome da recorrente. O recorrido provou ter tomado todas as precauções para a concessão do crédito ao terceiro, tendo exigido deste identidade, CPF, comprovante de endereço e de renda, sendo todos devidamente apresentados pelo falsário, razão pela qual a responsabilidade do recorrido restou afastada pela culpa exclusiva de terceiro, consoante prevê o art. 14, § 3º, inciso II do Código de Defesa do Consumidor[(176)].

Note-se que o legislador estabeleceu um rol taxativo no tocante às excludentes da responsabilidade do fornecedor nos termos dos arts. 12, § 3º, e 14, § 3º, sendo este o momento oportuno para lembrarmos que o contrato de transporte, regulamentado pelo Código Civil de 2002 em seu art. 735, aduz que "a responsabilidade contratual do transportador por acidente com o passageiro não é elidida por culpa de terceiro, contra o qual tem ação regressiva". É o que já estabelecia a antiga Súmula n. 187 do STF. A responsabilidade objetiva subsiste, ainda quando o terceiro tenha sido o provocador do acidente. Contudo, é preciso que a atitude do terceiro se apresente como risco natural do transporte, como acontece nos acidentes dentro da corrente do tráfego. Se, todavia, o fato de terceiro representar ato violento e inevitável pelo transportador, deverá ser tratado como equivalente ao motivo de força maior, para o fim de isentar o transportador do dever de indenizar o dano sofrido pelo passageiro.

Neste sentido, apesar das excludentes do caso fortuito ou força maior não estarem inseridas no rol, devem ser admitidas, uma vez que rompem o nexo causal, especialmente quando não guarda nenhuma relação com a atividade do fornecedor, não se podendo, portanto, falar em defeito do produto ou do serviço, como explica Carlos Roberto Gonçalves[(177)].

3. *Responsabilidade do profissional liberal*

Não se deve confundir a relação de trabalho — em que o trabalhador se propõe a dar a sua força física a outrem, em troca de uma remuneração, ainda que de

(176) TJCE — RIn 2008.0000.5701-7/1 — Relª Maria das Gracas Almeida de Quental — DJe 5.3.2009 — p. 176.
(177) *Direito das obrigações:* parte especial — responsabilidade civil, v. 6, t. II, p. 185.

natureza autônoma — com prestação de serviços — em que alguém busca um estabelecimento de natureza empresarial que se propõe a prestar certos tipos de serviços à população, aleatoriamente —, como é o caso de profissionais liberais e outros afins, como contabilidade, assistência técnica, divulgação e propaganda etc. O médico, o advogado e o dentista, por exemplo, são profissionais liberais e tais serviços não têm natureza de relação de trabalho, mas de relação de consumo[178], conforme o art. 3º, *caput*; e § 2º, da Lei n. 8.078, de 1990[179].

Como se vê, tal regra está em total consonância com o previsto no art. 32 do Estatuto da OAB, *verbis*: "O advogado é responsável pelos atos que, no exercício profissional, praticar com dolo ou culpa". Seguindo a mesma linha, o Código de Ética Médica no art. 1º, que trata da responsabilidade profissional do médico, *verbis*: "Causar dano ao paciente, por ação ou omissão, caracterizável como imperícia, imprudência ou negligência", explicita ainda o referido código que tal responsabilidade é sempre pessoal e não pode ser presumida.

Portanto, profissional liberal é aquele que exerce sua profissão com liberdade, sem vínculo empregatício, sem subordinação hierárquica. Frise-se, ainda, que a responsabilidade subjetiva prevista no § 4º do art. 14 aplica-se somente à pessoa física, e não pessoa jurídica que explore os serviços acima citados, uma vez que nesses se aplica a regra geral da responsabilidade objetiva do CDC.

4. *Responsabilidade por vício do produto e do serviço*

Preliminarmente, é importante estabelecer a diferença entre defeito e vício. Assim, o defeito do produto está relacionado diretamente com a segurança do consumidor, em outras palavras, nos casos de acidente de consumo, tem-se evidenciada a falha do dever de segurança por parte do fornecedor do produto e de serviços, atingindo, portanto, a integridade física, psíquica e patrimonial do consumidor.

Já os vícios do produto e do serviço dizem respeito à qualidade ou quantidade que os tornem impróprios, inadequados ou diminuam o valor daqueles, bem como aqueles decorrentes da disparidade de informações, seja no rótulo, seja na publicidade. Em suma, os vícios nas relações de consumo (aparentes ou não) atingem a qualidade, a quantidade do produto e/ou do serviço, bem como as informações prestadas ou não ao consumidor.

Em se tratando de vícios do produto ou do serviço, o consumidor poderá exigir a substituição das partes vencidas, e não ocorrendo tal no prazo de trinta

(178) Há decisões no STJ em sentido contrário, vide REsp ns. 532.377 e 757.867. Entendemos que não há relação de consumo entre advogado e cliente, devido à relação estar regulamentada nos arts. 8º a 24 do Código de Ética e Disciplina dos Advogados.

(179) TJMG — Proc. 00833-2005-017-03-00-9 RO — 3ª T. — Relª Juíza Maria Lucia Cardoso Magalhães — DJMG 25.2.2006.

dias, poderá o consumidor escolher entre a substituição do produto por outro da mesma espécie, em perfeitas condições de uso; a restituição imediata da quantia paga, monetariamente atualizada, sem prejuízo de eventuais perdas e danos; ou o abatimento proporcional do preço.

Como se vê, a responsabilidade por vícios é objetiva e solidária (CDC, arts. 18 e 19), entretanto, no caso do comerciante, é importante observar que não haverá responsabilidade solidária, ou seja, a responsabilidade será exclusiva do comerciante no caso dos produtos in natura, salvo se houver identificação do produtor (CDC, art. 18, § 5º). Já no caso de defeito do produto, a responsabilidade do comerciante será subsidiária, nas hipóteses de impossibilidade de identificação do fabricante, o construtor, o produtor ou o importador; do produto fornecido sem identificação clara do seu fabricante, produtor, construtor ou importador; não conservação adequada dos produtos perecíveis (CDC, art. 13).

5. *Responsabilidade dos bancos*

Dispõe o § 2º do art. 3 do CDC que "serviço é qualquer atividade fornecida no mercado de consumo, mediante remuneração, **inclusive, as de natureza bancária**, financeira, de crédito e securitária, salvo as decorrentes das relações de caráter trabalhista". O STJ sempre se posicionou neste sentido nos termos da Súmula n. 297, *verbis*: "O Código de Defesa do Consumidor é aplicável às instituições financeiras", o que foi ratificado pelo STF no julgamento da ADIN n. 2.591-1 pacificando o entendimento que as instituições financeiras estão, todas elas, alcançadas pela incidência das normas veiculadas pelo Código de Defesa do Consumidor e que o conceito de consumidor, para os efeitos do Código de Defesa do Consumidor, é toda pessoa física ou jurídica que utiliza como destinatário final, atividade bancária, financeira e de crédito.

Diante do que foi dito acima, os bancos, como prestadores de serviços, respondem, independentemente, de culpa pelos danos causados a seus clientes. Assim, o fato de estar encerrada a conta não exonera o banco de verificar a convergência das assinaturas, uma vez que a devolução por conta encerrada pressupõe a legitimidade do documento e leva à inscrição do nome do devedor no banco de inadimplentes. Essa obrigação existe, ainda que o banco não tenha recebido aviso de furto do cheque[180]. Nos mesmos moldes, não comprovado pelo réu que foi o autor que utilizou o cartão de crédito, e recebendo o consumidor cobranças e notícia de inclusão do seu nome nos bancos de dados das entidades de proteção ao crédito, configura-se o dano moral[181], respondendo, objetivamente, o banco pelo defeito na prestação do serviço em razão de clonagem do cartão de crédito.

---

(180) STJ — REsp 494.370/RS — 4ª T. — Rel. Min. Ruy Rosado de Aguiar — DJU 1º.9.2003 — p. 299.
(181) TJMT — RIn 3027/2008 — Rel. Nelson Dorigatti — DJe 16.3.2009 — p. 79.

No tocante aos saques indevidos em caixas eletrônicos, obviamente que "comprovado o saque fraudulento de valores da conta poupança do autor, realizado em caixa eletrônico que, por falha mecânica, reteve o cartão magnético, possibilitando a utilização ilícita por terceiro. A instituição financeira responde pelos prejuízos causados aos seus usuários em decorrência de falhas ocorridas na prestação dos seus serviços"(182).

Inúmeras são as possibilidades de responsabilização do banco, tendo em vista que este muitas vezes ultrapassa os limites, como, por exemplo, retendo salário para pagamento de cheque especial vencido, sendo que o STJ neste sentido se pronunciou da seguinte forma: "Mesmo com cláusula contratual permissiva, a apropriação do salário do correntista pelo banco-credor para pagamento de cheque especial é ilícita e dá margem à reparação por dano moral. Recurso não conhecido"(183).

Responde, também, o banco quando envia ao cliente cartão de crédito não solicitado que sequer é recebido, extraviado e utilizado por terceiros, razão pela qual "o banco é parte legitimada passivamente e comete ato ilícito, previsto no art. 39, inciso III, da Lei n. 8.078/1990, quando, fornecendo ao cliente cartão de crédito por ele não solicitado, dá-se ulterior extravio e indevida utilização por terceiros, gerando inadimplência fictícia e inscrição do nome do consumidor em cadastros restritivos de crédito, causadora de dano moral indenizável"(184).

Como prestador de serviços que é, admite-se como excludente de responsabilidade do banco a culpa exclusiva da vítima, como no caso adiante julgado pelo Tribunal Regional Federal da 4ª Região, *verbis*: "A autora informou o número da conta poupança e a senha pessoal a terceiro, que se faz passar por funcionário da instituição bancária, sem as devidas cautelas, assumindo riscos pela utilização dos seus dados. Ausência de elementos caracterizadores da responsabilidade civil da instituição bancária em relação ao saque, não autorizado, de valores da conta poupança da autora, em caixas eletrônicos do Banco24Horas. Descaracterizada a hipótese legal de reparação civil pelos danos morais alegados"(185). Frise-se que o risco da atividade não pode ser transferido para o consumidor, incumbe, portanto, ao banco o ônus de provar a culpa exclusiva do consumidor ou de terceiro.

Em 2012 o STJ editou a Súmula n. 479, *verbis:*

> As instituições financeiras respondem objetivamente pelos danos gerados por fortuito interno relativo a fraudes e delitos praticados por terceiros no âmbito de operações bancárias.

Tal súmula visa à responsabilidade dessas instituições objetivamente por fraudes e delitos cometidos no âmbito das operações bancárias, seja em caixas

---

(182) TRF 4ª R. — AC 2004.71.12.002368-2 — 4ª T. — Rel. Edgard Antônio Lippmann Júnior — DJ 19.12.2008.

(183) STJ — REsp 507.044 — AC — 3ª T. — Rel. Min. Humberto Gomes de Barros — DJU 3.5.2004 — p. 150.

(184) STJ — REsp 514.358 — MG — 4ª T. — Rel. Min. Aldir Passarinho Júnior — DJU 3.5.2004 — p. 172.

(185) TRF 4ª R. — AC 2004.71.00.018941-6 — 4ª T. — Rel. Edgard Antônio Lippmann Júnior — DJ 1º.12.2008.

eletrônicos ou mesmo internet, inclusive no caso de assalto dentro da agência, e, ainda, é passível de se discutir o caso da saidinha bancária, onde, demonstrando-se que alguém dentro do banco passou informações para o assaltante que se encontrava do lado de fora e concretizou o assalto, há que se responsabilizar a instituição financeira, cabendo a inversão do ônus da prova em favor do consumidor.

Com relação ao travamento de porta giratória, o desembargador paulista Ênio Santarelli Zuliani já julgou que o travamento de porta giratória que impede acesso de cliente titular de conta corrente mantida por quinze anos, retenção esta com licenciamento da entrada depois de constatação, pela Polícia Militar, de ausência de metais, é devida indenização fixada e mantida no valor de R$ 10.000,00(186). Explica o desembargador que "o travar da porta não implica constrangimento capaz de sugerir a indenização; o que se indeniza é o vexame que o banco impõe ao consumidor por não resolver o grave incidente, inclusive, por denúncia de não ser a primeira ocorrência de descaso com pessoa de cor negra"(187).

6. Prescrição e decadência no Código Civil e CDC

O art. 189 do Código Civil aduz que "violado o direito, nasce para o titular a pretensão, a qual se extingue, pela prescrição, nos prazos a que aludem os arts. 205 e 206". Neste sentido, a pretensão que é o poder de exigir de outrem uma ação ou omissão, sendo esta deduzida em juízo por meio da ação, tendo, portanto, como requisitos: a violação do direito, com o nascimento da pretensão, inércia do titular e decurso do tempo fixado em lei(188).

Já a decadência, segundo Francisco Amaral(189), "é a perda do direito potestativo pela inércia do seu titular no período determinado em lei. Seu fundamento, como na prescrição, é a necessidade de certeza e segurança nas relações jurídicas, como paz e ordem na sociedade. Seu fim predominante é o interesse geral, ao contrário da prescrição em que o interesse básico é individual, do devedor da obrigação. Seu objeto são os direitos potestativos de qualquer espécie, disponíveis ou indisponíveis, direitos que conferem ao respectivo titular o poder de influir ou determinar na esfera jurídica de outrem, por ato unilateral, sem que haja dever correspondente, apenas uma sujeição".

Portanto, no tocante à prescrição da reparação civil originária de uma relação civil, o prazo é de três anos (CC, art. 206, § 3º, V).

Já no tocante à reparação dos danos oriundos de uma relação de consumo, cumpre observar se decorrente de defeito ou vício do produto ou do serviço.

(186) TJSP — AP 474.590-4/9 — 4ª C. Dir. Priv. — Rel. Des. Ênio Santarelli Zuliani — J. 24.7.2008.

(187) TJSP — AC 446.162-4/6 — 4ª CDPriv. — Rel. Des. Ênio Santarelli Zuliani — DJ 29.11.2007.

(188) GONÇALVES, Carlos Roberto. *Direito civil brasileiro,* v. I, p. 470.

(189) *Direito civil*: introdução, p. 579.

O CDC, no art. 27, estabelece que “prescreve em 5 (cinco) anos a pretensão à reparação pelos danos causados por fato do produto ou do serviço prevista na Seção II deste Capítulo, iniciando-se a contagem do prazo a partir do conhecimento do dano e de sua autoria”.

Já o art. 26 versa sobre o prazo decadencial, em que o direito de reclamar pelos vícios aparentes ou de fácil constatação caduca em:

I — 30 (trinta) dias, tratando-se de fornecimento de serviço e de produto não duráveis;

II — 90 (noventa) dias, tratando-se de fornecimento de serviço e de produto duráveis.

§ 1º Inicia-se a contagem do prazo decadencial a partir da entrega efetiva do produto ou do término da execução dos serviços.

§ 3º Tratando-se de vício oculto, o prazo decadencial inicia-se no momento em que ficar evidenciado o defeito.

Observemos a seguinte tabela:

Vício/ Defeito	**Produto ou Serviço**	**Prazos**	**Início da contagem**
Aparente ou de Fácil constatação	Não durável	30 dias	Entrega do produto ou término do serviço.
	Durável	90 dias	
Oculto	Não durável	30 dias	Quando o vício ficar evidenciado § 3º.
	Durável	90 dias	
Acidente de Consumo	—	5 anos	Conhecimento do dano e sua autoria.

Deve-se observar, ainda, que obsta a decadência a reclamação comprovadamente formulada pelo consumidor perante o fornecedor de produtos e serviços até a resposta negativa correspondente, que deve ser transmitida de forma inequívoca.

CAPÍTULO XI

RESPONSABILIDADE CIVIL NO TRANSPORTE

1. *CONTRATO DE TRANSPORTE*

O contrato de transporte ocorre quando alguém se obriga, mediante retribuição, a transportar por via aérea, terrestre ou marítima, de um lugar para outro, pessoas ou coisas.

No ordenamento jurídico brasileiro, o famoso Decreto n. 2.681, de 7 de dezembro de 1912, que regulamentou a responsabilidade civil das estradas de ferro, estabeleceu a responsabilidade objetiva do transportador férreo, sendo tal decreto aplicado por extensão aos demais meios de transporte à época.

1.1. DO DEVER DO TRANSPORTADOR

Primeiramente, é importante salientar que a responsabilidade do transportador é de resultado, ou seja, é obrigação deste transportar pessoas ou coisas até o seu destino incólume.

Embora disciplinado no Código Civil, é no Código de Defesa do Consumidor que encontramos maior destaque, face à relação de consumo entre fornecedor de serviços e consumidor.

2. *DA RESPONSABILIDADE E EXCLUDENTES*

O transportador responde pelos danos causados às pessoas transportadas e suas bagagens, salvo motivo de força maior, sendo nula qualquer cláusula excludente da responsabilidade, portanto, abusiva e nula de pleno direito a cláusula de não indenizar.

O STF firmou a Súmula n. 187, a qual foi reproduzida pelo legislador no art. 735 do Código Civil: “A responsabilidade contratual do transportador por acidente com o passageiro não é elidida por culpa de terceiro, contra o qual tem ação regressiva”.

Exclui a responsabilidade do transportador a culpa exclusiva do consumidor, como no caso dos surfistas de trem, todavia, o simples fato de o passageiro viajar perto da porta do trem não significa, por si só, que o faça assumindo todos os riscos de um acidente, eis que, no mais das vezes, o faz por consequência do caos em que se encontra o transporte ferroviário[(190)].

Questão polêmica é aquela que envolve o passageiro pingente. Alguns entendem tratar-se de culpa exclusiva da vítima, já que se pendurou porque quis; outros entendem que não há que se falar em culpa da vítima, mas, sim, na respon-sabilidade do transportador que assumiu o risco do transporte deficiente.

O transportador assume o compromisso de levar o passageiro ao seu destino, são e salvo, devendo adotar todas as medidas para a boa conservação dos meios de transporte. Transgride, portanto, essa obrigação, permitindo circular composição ferroviária às escuras e com as portas abertas em decorrência da manutenção deficiente. Assim, se essa omissão deu causa ao acidente, com a morte da vítima, gera o dever de indenizar com adequação[(191)].

Devemos lembrar, também, que as pessoas jurídicas de direito privado prestadoras de serviços públicos respondem, objetivamente, pelos danos que causarem de acordo com a teoria do risco administrativo, bem como com a lei consumerista.

Um assalto ocorrido dentro do ônibus constitui-se num fato inteiramente estranho à relação de transporte, caracterizando caso fortuito/força maior, excludente de responsabilidade da empresa transportadora. A responsabilidade do transportador restringe-se à segurança do transporte, não abrangendo fato de terceiros, estranhos ao contrato, imprevisíveis e inevitáveis equiparado a caso fortuito[(192)], contudo, há entendimentos no sentido de que há previsibilidade em certas áreas onde assaltos são frequentes, passando-se a exigir do transportador providências para inibi-los, tais como escolta, seguros, etc.

No que tange ao transporte aéreo, caiu por terra as indenizações tarifadas pre-vistas na Convenção de Varsóvia e Código Brasileiro de Aeronáutica, pois são conflitantes com o mandamento constitucional, sendo certo que consoante

(190) TJRJ — AC 22536/2001 — (2001.001.22536) — 2ª C. Cív. — Rel. Des. Sérgio Cavalieri Filho — J. 11.12.2001.

(191) TJRJ — Ap 10.770/98 — 17ª C. Cív. — Rel. Des. Newton Paulo Azeredo da Silveira — J. 9.12.1998.

(192) TJSE — AC 2008213259 — (9629/2008) — 1ª C.Cív. — Relª Clara Leite de Rezende — J. 15.12.2008.

reiterados julgados das turmas que integram a Segunda Seção, a indenização tarifada prevista na Convenção de Varsóvia não é de observância obrigatória para fatos ocorridos após a edição do Código de Defesa do Consumidor, podendo ser considerada como mero parâmetro(193).

3. *Do transporte gratuito*

A carona não tem o condão de gerar a responsabilidade objetiva, sendo este o sentido do disposto no art. 736 do Código Civil. Neste sentido é, também, a orientação da Súmula n. 145 do STJ ao aduzir que no transporte desinteressado, de simples cortesia, o transportador só será civilmente responsável por danos causados ao transportado quando incorrer em dolo ou culpa grave. Note-se, contudo, que não se considera gratuito o transporte quando, embora feito sem remuneração, o transportador auferir vantagens indiretas, por exemplo, colaboração com o combustível.

Há que se esclarecer neste momento que no transporte gratuito para maiores de 65 anos, nos termos do Estatuto do Idoso, a responsabilidade da transportadora continua sendo objetiva e não há que se confundir com a carona, transporte desinteressado.

---

(193) STJ — AgRg-REsp 222.657/SP — 3ª T. — Rel. Min. Castro Filho — DJU 23.5.2005 — p. 265.

CAPÍTULO XII

RESPONSABILIDADE DOS PROPRIETÁRIOS, USUÁRIOS E ENCARREGADOS DA GUARDA DE VEÍCULOS

1. RESPONSABILIDADE DOS PROPRIETÁRIOS

Inicialmente e como regra geral, a responsabilidade do dono do veículo decorre do exercício de sua guarda, mas aquele que permite que terceiro conduza seu veículo é responsável solidário pelos danos causados culposamente pelo permissionário[(194)]. Em outras palavras, há responsabilidade solidária do proprietário do veículo pelos danos a que este der causa, com igual dever de indenizar, ainda que conduzido por outrem, se não restar comprovado ter sido o mesmo colocado em circulação contra a sua vontade[(195)].

Todavia, considerando-se a hipótese de venda do veículo automotor é de bom alvitre que se formalize o termo de responsabilidade e entrega do mesmo, inserindo, também, a hora da tradição para que não se paire dúvidas a respeito de eventual responsabilidade civil, penal e/ou administrativa.

A Súmula n. 132 do STJ, que é anterior ao Código de Trânsito Brasileiro, assim dispunha a respeito do tema, *verbis*: "a ausência de registro da transferência não implica a responsabilidade do antigo proprietário por dano resultante de

---

(194) REsp. 343.649/MG.

(195) TJRJ — AC 11506/2001 — (2001.001.11506) — 3ª C. Cív. — Rel. Des. Antônio Eduardo F. Duarte — J. 4.12.2001.

acidente que envolva o veículo alienado". Contudo, o Código de Trânsito, que é de 23 de setembro de 1997, em seu art. 134 estabelece a responsabilidade solidária do antigo e atual proprietário: "No caso de transferência de propriedade, o proprietário antigo deverá encaminhar ao órgão executivo de trânsito do Estado dentro de um prazo de trinta dias, cópia autenticada do comprovante de transferência de propriedade, devidamente assinado e datado, sob pena de ter que se responsabilizar solidariamente pelas penalidades impostas e suas reincidências até a data da comunicação".

Sendo esta a orientação seguida pelos tribunais que, em caso de alienação de veículo automotor, o antigo proprietário somente não responderá pelas infrações perpetradas pelo adquirente caso comunique tal transação ao órgão competente, informando-lhe acerca da alienação, com o respectivo nome e endereço do comprador[(196)].

Por fim, é de observar que a empresa locadora de veículos responde, civil e solidariamente com o locatário, pelos danos por este causados a terceiro, no uso do carro locado, orientação esta do STF, Súmula n. 492. Desta forma, é possível afirmar que esta é uma espécie de responsabilidade pelo fato de terceiro criada pela jurisprudência.

1.1. Responsabilidade dos estacionamentos

A responsabilidade dos estacionamentos decorre de um contrato de depósito que é aquele em que o depositário recebe objeto móvel alheio, no caso veículos, obrigando-se a guardá-lo, conservá-lo e restituí-lo quando reclamado, portanto, trata-se de obrigação de resultado.

Cumpre considerarmos que a relação jurídica dos estacionamentos é de natureza consumerista e, atualmente, "não há como considerar o furto ou roubo de veículo causa excludente da responsabilidade das empresas que exploram o estacionamento de automóveis, na medida em que a obrigação de garantir a integridade do bem é inerente à própria atividade por elas desenvolvida. Hodiernamente, o furto e o roubo de veículos constituem episódios corriqueiros, sendo este, inclusive, um dos principais fatores a motivar a utilização dos estacionamentos, tornando inconcebível que uma empresa que se proponha a depositar automóveis em segurança enquadre tais modalidades criminosas como caso fortuito. Fixada a premissa de que o furto e o roubo de veículos são eventos absolutamente previsíveis no exercício da atividade garagista, conclui-se que, na linha de desdobramento

(196) TJMS — AgRg-AC 2008.025661-8/0001-00 — Rel. Des. Paschoal Carmello Leandro — DJe 19.3.2009 — p. 15.

dos fatos que redundam na subtração do carro, encontra se a prestação deficiente do serviço pelo estacionamento, que, no mínimo, não agiu com a diligência necessária para impedir a atuação criminosa"[197].

Há que se considerar, também, se houve ou não gratuidade, uma vez que há uma corrente minoritária negativista que entende não existir responsabilidade em razão da gratuidade, contudo, a corrente majoritária entende que a gratuidade é meramente aparente, respondendo a empresa, perante o cliente, pela reparação de dano ou furto de veículo ocorrido em seu estacionamento (STJ, Súmula n. 130).

---

(197) REsp 976531/SP, j. 23.2.2010.

CAPÍTULO XIII

RESPONSABILIDADE DO ADVOGADO

1. DA PRESTAÇÃO DE SERVIÇO

O serviço advocatício é uma espécie de prestação de serviço, uma vez que envolve, também, o contrato de mandato, razão pela qual, regulamentado pela Lei Especial n. 8.906/1994 — Estatuto da Advocacia —, temos que tal serviço não envolve relação de consumo prevista na Lei Geral n. 8.078/1990 — Código de Defesa do Consumidor.

Neste sentido, Rui Stoco[198] assevera que a questão relativa à responsabilidade civil do advogado, como autêntico operador do Direito, não se traduz em seara de suave colheitas nem encontra equacionamento harmonioso na doutrina e jurisprudência de nossos pretórios, pois o advogado é um prestador de serviços especial, peculiar e indispensável, que se diferencia de todos os outros em razão da atividade que exerce e da álea que a envolve e determina.

Há entendimento no STJ no sentido de que o Código de Defesa do Consumidor não incide na relação entre advogado e cliente (REsp n. 532.377 e 757.867), entretanto, há entendimentos contrários que consideram a aplicabilidade do Código de Defesa do Consumidor[199], os quais não nos filiamos porque o exercício da advocacia é incompatível com qualquer procedimento de mercantilização.

---

(198) *Tratado de responsabilidade civil*, p. 497.

(199) CÓDIGO DE DEFESA DO CONSUMIDOR — INCIDÊNCIA NA RELAÇÃO ENTRE ADVOGADO E CLIENTE — PRECEDENTES DA CORTE — 1. Ressalvada a posição do Relator, a Turma já decidiu pela incidência do Código de Defesa do Consumidor na relação entre advogado e cliente. 2. Recurso Especial conhecido, mas desprovido (STJ — RESP 200400869500 — (651278 RS) — 3ª T. — Rel. Min. Carlos Alberto Menezes Direito — DJU 17.12.2004 — p. 544).

2. DA OBRIGAÇÃO DE MEIO

A obrigação assumida pelo advogado no patrocínio da causa é de meio, e não de fim, devendo, portanto, praticar todos os atos inerentes ao seu ofício e promover todas as intervenções judiciais e administrativas que lhe foram cometidas por meio do mandato[200]. Neste sentido, é correto afirmarmos que no contencioso a obrigação contratual assumida pelo advogado é de meio, não havendo, portanto, um compromisso no tocante a um resultado positivo para o cliente.

Entretanto, a obrigação do advogado não é só peticionar em juízo, mas também esclarecer corretamente seu cliente do estado do processo, sendo certo que tal obrigação deriva do dever de informação clara e inequívoca quanto a eventuais riscos da sua pretensão e das consequências que poderão advir da demanda. Assim, o descumprimento dessa obrigação importa no dever de indenizar os danos dali decorrentes[201].

Em se tratando de advocacia extrajudicial, ou seja, consultoria e assessoria jurídica, a obrigação é de resultado, por exemplo, a elaboração de um parecer ou a elaboração de um contrato social, sob pena de inadimplemento contratual.

Cumpre observar que o advogado sempre deverá zelar pela sua liberdade e independência em qualquer circunstância, sendo legítima a recusa do patrocínio de pretensão que contrarie sua orientação antes manifestada ou referente a lei ou direito que também lhe seja aplicável.

3. DA RESPONSABILIDADE CONTRATUAL SUBJETIVA

O Estatuto da Advocacia e da Ordem dos Advogados do Brasil dispõe que o advogado é responsável pelos atos que, no exercício profissional, praticar com dolo ou culpa (art. 32), portanto estamos diante da responsabilidade subjetiva, o que se compatibiliza com o Código de Defesa do Consumidor para aqueles que entendem ser aplicável às relações entre cliente e advogado, uma vez que a responsabilidade pessoal dos profissionais liberais será apurada mediante a verificação de culpa (art. 14, § 4º).

Assim, em se tratando de responsabilidade profissional em sede de demanda judicial, o advogado não tem o dever de sair vitorioso na causa, na medida em que não assume uma obrigação de resultado, mas, sim, uma obrigação de meio. Sua responsabilidade, pois, depende da perquirição de culpa profissional. Não se verificando a conduta desidiosa ou negligente alegada pelo autor, não há que se

---

(200) TJRS — AC 700.227.725-94/2008 — 16ª C.Cív — Relª Desª Ana Maria Nedel Scalzilli — DJe 18.9.2008.
(201) TAPR — AC 0279657-0 — (233311) — Pato Branco — 18ª C.Cív. — Rel. Juiz Nilson Mizuta — DJPR 1.4.2005.

falar em responsabilidade do profissional do direito, sobretudo quando sequer houve a demonstração da existência dos alegados danos e do nexo de causalidade(202).

Segundo o magistério do Desembargador do TJRJ, Sérgio Cavalieri Filho,

> "no que respeita à conveniência ou não de recorrer, entendemos que, sendo o advogado o primeiro juiz da conveniência de se ajuizar ou não a ação, deve sê-lo, também, da conveniência de recorrer, mormente tratando-se de recurso especial ou extraordinário, sujeitos a requisitos rigorosos e específicos. O advogado, principalmente quando zeloso do seu bom nome, não pode ser obrigado a interpor um recurso manifestamente incabível. Não deve, entretanto, deixar de recorrer no caso de indiscutível necessidade, ou contrariando a vontade do cliente. Neste último caso, se tem convicção jurídica contrária, o caminho será a renúncia".

Assevera Vaneska Donato de Araújo(203) que a jurisprudência se orienta neste sentido, ou seja, dispensando o advogado do dever de interposição de recurso quando foi "induzido por informações incorretas do cliente a promover ação temerária (2º TACSP, 2ª Câm., Ap. c/ revisão 520.828 Rel. Juiz Felipe Ferreira, j. 22.6.1998) ou se o recurso se apresentava como temerário e protelatório, caracterizador de litigância de má-fé (2º TACSP, 2ª Câm., Ap. 567.552-00/7, Rel. Juiz Felipe Ferreira, j. 10.4.2000)".

Para o Desembargador do TJSP Enio Santarelli Zuliani(204), a responsabilidade da sociedade de advogados é objetiva, pois segundo ele,

> "o preceito do art. 14, § 4º, da Lei n. 8.078/1990 (responsabilidade subjetiva do profissional liberal), aplica-se ao advogado que trabalha individualmente. Quando o serviço jurídico é prestado por sociedades de advogados, a responsabilidade deixa de ser subjetiva (dependente de culpa) e regula-se pela objetiva, ou seja, independente da prova da culpa. Evidente que não se outorga procuração a uma sociedade de advogados; contudo, mesmo se emitindo mandato para determinados sócios, a sociedade de advogados responderá de forma objetiva e, depois, poderá exercer o direito de regresso em face do pro-fissional culpado. No caso de o dano ser provocado por advogado empregado de uma empresa, a sociedade empregadora responderá e, da mesma forma, poderá exercer o direito de regresso ao culpado". No mesmo sentido é a posição de Carlos Roberto Gonçalves(205) ao afirmar que "a exceção ao princípio da responsabilidade objetiva consagrado no Código de Defesa do Consu-

(202) TRT 22ª R. — RO 01671-2007-003-22-00-1 — Rel. Fausto Lustosa Neto — DJT/PI 16.2.2009.

(203) *Direito civil:* responsabilidade civil, p. 269.

(204) Responsabilidade civil do advogado, *Revista Síntese de Direito Civil e Processual Civil,* n. 21, p. 127, jan./fev. 2003.

(205) *Direito civil brasileiro*: responsabilidade civil, p. 256.

midor aplica-se apenas ao próprio profissional liberal, não se estendendo às pessoas jurídicas que integre ou para as quais preste serviço".

4. *Da lide temerária*

Temerário segundo os léxicos é aquele que se arroja aos perigos sem pensar nas consequências que daí possam advir; que se diz ou faz sem fundamento justo.

A lei processual estabelece os deveres entre as partes em juízo, dentre eles temos: não formular pretensões nem alegar defesa, cientes de que são destituídas de fundamento; de natureza antecipatória ou final; não proceder de modo temerário em qualquer incidente ou ato do processo, etc.

Note-se que a lei processual, quando se refere ao dever de cumprir com exatidão os provimentos mandamentais e não criar embaraços à efetivação de provimentos judiciais, que constituem ato atentatório ao exercício da jurisdição, exclui os advogados, já que o comportamento ético do advogado cabe apenas à OAB conhecer (CPC, art. 14, parágrafo único).

Neste sentido, em caso de lide temerária, o advogado será solidariamente responsável com seu cliente, desde que coligado com este para lesar a parte contrária, o que será apurado em ação própria (art. 32, parágrafo único, do EOAB).

A norma do parágrafo único desse artigo é claríssima ao dispor que somente por meio de ação própria poder-se-á cogitar da condenação solidária do advogado com seu cliente, mediante comprovação de que ele, coligado com aquele, visara lesar a parte contrária(206).

5. *Da responsabilidade pela perda de uma chance*

A indenização por perda de uma chance decorre de uma provável ou possível vantagem que não adveio para a parte em decorrência de ato ilícito ou abuso de direito da parte contrária, devendo ser demonstrada, para a configuração da responsabilidade civil, uma mínima probabilidade de que a vantagem seria obtida, não fosse a prática do ato ilícito ou do abuso de direito(207).

Neste sentido, a perda de prazo para apelar, por comprovada desídia do advogado empregado de sindicato que defendia os interesses do associado em ação de mandado de segurança, não constitui automaticamente um dano material comum concretamente constatável, uma vez que jamais se saberá qual seria o pronunciamento do tribunal no julgamento do recurso se este tivesse sido tempestivamente interposto, caso em que a ação indenizatória só poderia, em tese, ter probabilidade de êxito se tivesse por causa de pedir a perda de uma chance, em que é admissível

---

(206) TST — ROAR 6057/2006-909-09-00 — Rel. Min. Antônio José de Barros Levenhagen — DJe 20.3.2009 — p. 402.

(207) TJDFT — Proc. 2006 07 1 003375-8 — (366086) — Rel. Des. Natanael Caetano — DJe 20.7.2009 — p. 39.

o arbitramento do valor da reparação levando-se em conta a perda, pelo cliente, da possibilidade de ter a sua causa reexaminada pelo órgão *ad quem*, não podendo esse valor corresponder ao benefício por ele ali perquerido (dano emergente) ou ao que efetivamente deixou de ganhar (lucro cessante)[(208)].

Carlos Roberto Gonçalves[(209)] lembra que a "mera possibilidade não é passível de indenização, pois a chance deve ser séria e real para ingressar no domínio do dano ressarcível" e adiante complementa que a quantificação do dano será feita por arbitramento, conforme o art. 946 do Código Civil, em que o magistrado

> "deverá partir do resultado útil esperado e fazer incidir sobre ele o percentual de probabilidade de obtenção da vantagem esperada. Desse modo, se o juiz competente para a julgar a ação de indenização movida pelo cliente contra seu advogado desidioso entender, depois de uma análise cuidadosa das probabilidades de sucesso da ação em que este perdeu prazo para a interposição do recurso adequado, que a chance de obter o resultado útil esperado era, por exemplo, de 70%, fará incidir essa porcentagem sobre tal resultado. Assim, a indenização pela perda da chance será fixada em 70% do valor pretendido na ação tornada infrutífera em razão da negligência do advogado."

Ora é difícil antever, no âmbito da responsabilidade contratual do advogado, um vínculo claro entre a alegada negligência do profissional e a diminuição patrimonial do cliente, pois o que está em jogo, no processo judicial de conhecimento, são apenas chances e incertezas que devem ser aclaradas em juízo de cognição. Portanto, em caso de responsabilidade de profissionais da advocacia por condutas apontadas como negligentes, e diante do aspecto relativo à incerteza da vantagem não experimentada, as demandas que invocam a teoria da "perda de uma chance" devem ser solucionadas a partir de detida análise acerca das reais possibilidades de êxito do postulante, eventualmente perdidas em razão da desídia do causídico.

Assim, o fato de o advogado ter perdido o prazo para contestar ou interpor recurso — como no caso em apreço —, não enseja sua automática responsabilização civil com base na teoria da perda de uma chance, fazendo-se absolutamente necessária a ponderação acerca da probabilidade — que se supõe real — que a parte teria de se sagrar vitoriosa ou de ter a sua pretensão atendida[(210)].

Pontifica Sérgio Cavalieri Filho[(211)] que "a chance perdida reparável deverá caracterizar um prejuízo material ou imaterial resultante de fato consumado, não hipotético. A indenização, por sua vez, deverá ser da chance, da perda da possibilidade de alguém auferir alguma vantagem, e não dos ganhos perdidos".

---

(208) TJMA — AC 7221/2006 — (Ac. 66.718/2007) — 1ª C. Cív. — Rel. Des. Jamil de Miranda Gedeon Neto — DJMA 4.6.2007.

(209) *Direito civil brasileiro*: responsabilidade civil, p. 258.

(210) STJ, REsp. n. 993936/RJ, Rel. Min. Luis Felipe Salomão, j. 27.3.2012.

(211) *Programa de responsabilidade civil*, p. 74.

Oportuno lembrarmos mais uma vez que este livro é voltado para o exame da OAB, razão pela qual tem-se admitida a teoria da perda de uma chance, todavia, comungamos do mesmo pensamento que o jurista Rui Stoco[212] a respeito de tal teoria, como já visto alhures, por entendermos que não há o requisito da certeza do dano, se caracterizando, como dano hipotético, *verbis:*

> Para nós, tal exsurge como inaceitável.
>
> Não há como admitir que outrem substitua o juiz natural da causa para perscrutar o íntimo de sua convicção e fazer um juízo de valor a destempo sobre a "possibilidade" de qual seria sua decisão, caso a ação fosse julgada e chegasse a seu termo.
>
> Ora, admitir a possibilidade de o cliente obter reparação por perda de uma chance de ver a ação julgada conduzirá, obrigatoriamente, a uma decisão a ele favorável.
>
> Será também admitir a existência de um dano não comprovado e que não se sabe se ocorreria.
>
> Ademais de se caracterizar em verdadeira futurologia empírica, mas grave ainda é admitir que alguém possa ser responsabilizado por um resultado que não ocorreu e, portanto, por um dano hipotético e, em *ultima ratio*, não verificado ou demonstrado e sem concreção.
>
> Por fim, a maior heresia será admitir que o profissional, em uma obrigação contratual de meios, seja responsabilizado pelo resultado. Seria, data vênia, a *summa contraditio.*

(212) *Tratado de responsabilidade civil*, p. 581.

CAPÍTULO XIV

RESPONSABILIDADE CIVIL POR VIOLAÇÃO DE DIREITOS AUTORAIS

1. *CONSIDERAÇÕES INICIAIS*

A Constituição Federal de 1988 garante em seu art. 5º, IX, a liberdade de expressão da atividade intelectual, artística, científica e de comunicação, independentemente de censura ou licença, bem como no inciso XXVII, aos autores, o direito exclusivo de utilização, publicação ou reprodução de suas obras, transmissível aos herdeiros pelo tempo que a lei fixar.

A Lei n. 9.610, de 19 de fevereiro de 1998, regulamenta a matéria pertinente aos direitos do autor e os que lhe são conexos, sendo que referida lei tem aplicabilidade aos nacionais e estrangeiros domiciliados no país, bem como os nacionais ou pessoas domiciliadas em país que assegure aos brasileiros ou pessoas domiciliadas no Brasil a reciprocidade na proteção aos direitos autorais ou equivalentes.

2. *QUAL O OBJETO DE PROTEÇÃO DA LEI*

Quando tal pergunta é feita logo irão responder obviamente que são os direitos autorais. Mas o que são efetivamente os direitos autorais?

Note-se, primeiramente, que, de acordo com o art. 3º da Lei n. 9.610/1998, os direitos autorais são bens móveis por disposição legal.

Assim, tem-se como obras intelectuais no termos do art. 7º da referida lei as criações do espírito, expressas por qualquer meio ou fixadas em qualquer suporte, tangível ou intangível, conhecido ou que se invente no futuro, tais como:

I — os textos de obras literárias, artísticas ou científicas;

II — as conferências, alocuções, sermões e outras obras da mesma natureza;

III — as obras dramáticas e dramático-musicais;

IV — as obras coreográficas e pantomímicas, cuja execução cênica se fixe por escrito ou por outra qualquer forma;

V — as composições musicais, tenham ou não letra;

VI — as obras audiovisuais, sonorizadas ou não, inclusive as cinematográficas;

VII — as obras fotográficas e as produzidas por qualquer processo análogo ao da fotografia;

VIII — as obras de desenho, pintura, gravura, escultura, litografia e arte cinética;

IX — as ilustrações, cartas geográficas e outras obras da mesma natureza;

X — os projetos, esboços e obras plásticas concernentes à geografia, engenharia, topografia, arquitetura, paisagismo, cenografia e ciência;

XI — as adaptações, traduções e outras transformações de obras originais, apresentadas como criação intelectual nova;

XII — os programas de computador;

XIII — as coletâneas ou compilações, antologias, enciclopédias, dicionários, bases de dados e outras obras, que, por sua seleção, organização ou disposição de seu conteúdo, constituam uma criação intelectual.

Note-se, ainda, que a obra poderá ser, de acordo com o art. 3º:

a) em coautoria — quando é criada em comum, por dois ou mais autores;

b) anônima — quando não se indica o nome do autor, por sua vontade ou por ser desconhecido;

c) pseudônima — quando o autor se oculta sob nome suposto;

d) inédita — a que não haja sido objeto de publicação;

e) póstuma — a que se publique após a morte do autor;

f) originária — a criação primígena;

g) derivada — a que, constituindo criação intelectual nova, resulta da transformação de obra originária;

h) coletiva — a criada por iniciativa, organização e responsabilidade de uma pessoa física ou jurídica, que a publica sob seu nome ou marca e que é constituída pela participação de diferentes autores, cujas contribuições se fundem numa criação autônoma;

i) audiovisual — a que resulta da fixação de imagens com ou sem som, que tenha a finalidade de criar, por meio de sua reprodução, a impressão de movimento, independentemente dos processos de sua captação, do suporte usado inicial ou posteriormente para fixá-lo, bem como dos meios utilizados para sua veiculação;

Portanto, estão excluídos da proteção da Lei de Direitos Autorais, segundo o art. 8º:

I — as ideias, procedimentos normativos, sistemas, métodos, projetos ou conceitos matemáticos como tais;

II — os esquemas, planos ou regras para realizar atos mentais, jogos ou negócios;

III — os formulários em branco para serem preenchidos por qualquer tipo de informação, científica ou não, e suas instruções;

IV — os textos de tratados ou convenções, leis, decretos, regulamentos, decisões judiciais e demais atos oficiais;

V — as informações de uso comum, tais como calendários, agendas, cadastros ou legendas;

VI — os nomes e títulos isolados;

VII — o aproveitamento industrial ou comercial das ideias contidas nas obras.

A proteção à obra intelectual abrange o seu título, se original e inconfundível com o de obra do mesmo gênero, divulgada anteriormente por outro autor. Por outro lado, o título de publicações periódicas, inclusive jornais, é protegido até um ano após a saída do seu último número, salvo se forem anuais, caso em que esse prazo se elevará a dois anos, nos termos do art. 10 da Lei.

3. *Da autoria da obra*

O autor é a pessoa física criadora de obra literária, artística ou científica. Todavia, os direitos de autor poderão ser total ou parcialmente transferidos a terceiros, por ele ou por seus sucessores, a título universal ou singular, pessoalmente ou por meio de representantes com poderes especiais, por meio de licenciamento, concessão, cessão ou por outros meios admitidos em Direito, segundo o art. 49 da Lei, portanto, tais direitos podem ser cedidos à pessoa jurídica que gozará da mesma proteção que a pessoa física.

A identificação do autor poderá se dar pelo uso de seu nome civil, completo ou abreviado, até mesmo por suas iniciais, bem como de pseudônimo ou qualquer outro sinal convencional.

Por fim, é importante observar que, nos termos do art. 18, a proteção aos direitos de que trata esta Lei independe de registro, todavia, é interessante que se promova tal registro a fim de se ter mais um elemento de prova de anterioridade e proteção em eventual demanda judicial[213].

---

(213) "Direito autorais. Veiculação de campanha publicitária sem autorização de seu criador. Indenização. Direitos morais e patrimoniais. Registro. Publicidade. Leis ns. 5.988/1973 e 9.610/1998. A proteção dos

4. Dos direitos do autor

Pertencem ao autor os direitos morais e patrimoniais sobre a obra que criou. Desta forma, a criação intelectual constitui o fato gerador desta proteção que representa a expressão da personalidade do autor e, tanto isso é certo, que o art. 20 do Código Civil reconhece e tutela como direito da personalidade, dentre outros, os direitos autorais, pois o autor tem a faculdade de divulgar ou não sua obra, seja a título gratuito ou oneroso. Cabendo ao autor o direito exclusivo de utilizar, fruir e dispor da obra literária, artística ou científica (LDA, art. 28).

4.1. Dos direitos patrimoniais

O direito exclusivo do autor de utilizar, fruir e dispor da obra será de setenta anos o prazo de proteção aos direitos patrimoniais sobre as obras anônimas ou pseudônimas, contado de 1º de janeiro do ano imediatamente posterior ao da primeira publicação, nos termos do art. 43 da Lei n. 9.610/1998; ultrapassado este tempo, a obra cairá no domínio público.

Entretanto, urge observar, também, que pertencem ao domínio público nos termos do art. 45 da LDA: a) as obras de autores falecidos que não tenham deixado sucessores; b) as obras de autor desconhecido, ressalvada a proteção legal aos conhecimentos étnicos e tradicionais.

Note-se que a reprodução parcial ou integral; a edição; a adaptação, o arranjo musical; a inclusão em fonograma ou produção audiovisual; a distribuição (quando não intrínseca ao contrato firmado com terceiros para uso ou exploração da obra); a distribuição para oferta de obras ou produções mediante cabo, fibra ótica, satélite, ondas ou qualquer outro sistema que permita ao usuário realizar a seleção da obra ou produção para percebê-la em um tempo e lugar previamente determinados por quem formula a demanda, e nos casos em que o acesso às obras ou produções se faça por qualquer sistema que importe em pagamento pelo usuário; bem como a utilização, direta ou indireta, da obra literária, artística ou científica, mediante representação, recitação ou declamação; execução musical; emprego de alto-falante

---

direitos de autor independe de registro, que é facultativo. Efetivado, o registro resguarda os direitos e vale como prova de anterioridade. A hipótese de coincidência criativa é uma das que motivam o autor a registrar seu trabalho (Lei n. 5.988/1973, arts. 17 e ss.). A não divulgação do inteiro teor de obra registrada não implica seu desconhecimento por terceiro. Se o registro acusava a existência de obra semelhante à utilizada pelas recorridas, caberia a elas procurar o autor para conhecer o trabalho e, em sendo o caso, conseguir autorização de uso. O registro por terceiro da expressão publicitária no INPI não afasta o direito do recorrente, relativos à criatividade e originalidade do slogan criado. O INPI sequer é órgão competente por tal registro (art. 124, VII, da Lei n. 9.279/1996). Tal efeito somente ocorre quando o registro é feito em um dos órgãos relacionados no art. 17 da Lei n. 5.988/1973" (STJ — REsp 655.035/PR — (2004/0051305-0) — 3ª T. — Rel. Min. Humberto Gomes de Barros — DJU 13.8.2007).

ou de sistemas análogos; radiodifusão sonora ou televisiva depende de autorização prévia e expressa do autor para a utilização da obra[214].

4.2. Dos direitos morais

O legislador estabeleceu um rol de direitos considerados morais do autor no art. 24 da LDA. São eles:

I — o de reivindicar, a qualquer tempo, a autoria da obra;

II — o de ter seu nome, pseudônimo ou sinal convencional indicado ou anunciado, como sendo o do autor, na utilização de sua obra;

III — o de conservar a obra inédita;

IV — o de assegurar a integridade da obra, opondo-se a quaisquer modificações ou à prática de atos que, de qualquer forma, possam prejudicá-la ou atingi-lo, como autor, em sua reputação ou honra;

V — o de modificar a obra, antes ou depois de utilizada;

VI — o de retirar de circulação a obra ou de suspender qualquer forma de utilização já autorizada, quando a circulação ou utilização implicarem afronta à sua reputação e imagem;

VII — o de ter acesso a exemplar único e raro da obra, quando se encontre legitimamente em poder de outrem, para o fim de, por meio de processo fotográfico ou assemelhado, ou audiovisual, preservar sua memória, de forma que cause o menor inconveniente possível a seu detentor, que, em todo caso, será indenizado de qualquer dano ou prejuízo que lhe seja causado.

Após a morte do autor, são partes legítimas para requerer a proteção dos direitos do autor o cônjuge ou companheiro, os ascendentes ou os descendentes (CC, art. 20, parágrafo único), porém, apenas os direitos de reivindicar a autoria da obra; o de conservar o ineditismo da obra; o de assegurar a integridade da obra e o de ter o nome, pseudônimo ou sinal convencional na utilização da obra do autor falecido.

No caso de obras que caíram no domínio público, competirá ao Estado a proteção da autoria e da integridade da obra.

Por fim, é importante lembrar que os direitos morais do autor são inalienáveis e irrenunciáveis.

(214) Direitos autorais. Execuções públicas de obras musicais. Festas municipais. Ação de cobrança. Inovação recursal. Impossibilidade. A execução, sem a devida autorização do titular, de obras musicais em eventos promovidos pela municipalidade, que aufere, com isso, dentre outras, vantagens de ordem política e social, enseja a cobrança de direitos autorais (TJMG — AC 1.0319.01.011251-8/001 — 4ª C. Cív. — Rel. Audebert Delage — J. 17.12.2008).

5. Das excludentes de responsabilidade no direito autoral

Dispõe o art. 49 da LDA que os direitos de autor poderão ser total ou parcialmente transferidos a terceiros, por ele ou por seus sucessores, a título universal ou singular, pessoalmente ou por meio de representantes com poderes especiais, por meio de licenciamento, concessão, cessão ou por outros meios admitidos em Direito, obedecidas as seguintes limitações:

> I — a transmissão total compreende todos os direitos de autor, salvo os de natureza moral e os expressamente excluídos por lei;
>
> II — somente se admitirá transmissão total e definitiva dos direitos mediante estipulação contratual escrita;
>
> III — na hipótese de não haver estipulação contratual escrita, o prazo máximo será de cinco anos;
>
> IV — a cessão será válida unicamente para o País em que se firmou o contrato, salvo estipulação em contrário;
>
> V — a cessão só se operará para modalidades de utilização já existentes à data do contrato;
>
> VI — não havendo especificações quanto à modalidade de utilização, o contrato será interpretado restritivamente, entendendo-se como limitada apenas a uma que seja aquela indispensável ao cumprimento da finalidade do contrato.

O legislador, no § 1º do art. 50 da Lei n. 9.610/1998, aduz que a cessão poderá ser averbada à margem do registro a que se refere o art. 19 desta Lei, ou, não estando a obra registrada, poderá o instrumento ser registrado em Cartório de Títulos e Documentos. Sendo que deverão constar do instrumento de cessão como elementos essenciais seu objeto e as condições de exercício do direito quanto a tempo, lugar e preço.

6. Das sanções civis e da responsabilidade civil

Segundo o art. 102 da LDA, o titular cuja obra seja fraudulentamente reproduzida, divulgada ou de qualquer forma utilizada poderá requerer a apreensão dos exemplares reproduzidos ou a suspensão da divulgação, sem prejuízo da indenização por dano material e/ou moral.

Em caso de contrafação, aquele que editar obra literária, artística ou científica perderá para o autor os exemplares que se apreenderem e pagar-lhe-á o preço dos que tiver vendido. Contudo, não se conhecendo o número de exemplares que constituem a edição fraudulenta, pagará o transgressor o valor de três mil exemplares, além dos apreendidos segundo a orientação do art. 103 da LDA.

Haverá responsabilidade solidária do contrafator e quem vender, expuser à venda, ocultar, adquirir, distribuir, tiver em depósito ou utilizar obra ou fonograma reproduzidos com fraude, com a finalidade de vender, obter ganho, vantagem, proveito, lucro direto ou indireto, para si ou para outrem, nos exatos termos do art. 104 da LDA.

Desta forma, a transmissão ou retransmissão e a comunicação ao público de obras realizadas mediante violação aos direitos de seus titulares deverão ser imediatamente suspensas ou interrompidas pela autoridade judicial competente, sem prejuízo da multa diária pelo descumprimento e das demais indenizações cabíveis, independentemente das sanções penais aplicáveis (CP, art. 184) e caso se comprove que o infrator é reincidente na violação aos direitos dos titulares de direitos de autor e conexos, o valor da multa poderá ser aumentado até o dobro (LDA, art. 105).

Note que o valor do dano material nunca será inferior ao valor de três mil exemplares mais os exemplares apreendidos (LDA, art. 103, parágrafo único c/c art. 107).

A exigência de indicação da fonte está prevista no art. 108 da LDA que dispõe que "quem, na utilização, por qualquer modalidade, de obra intelectual, deixar de indicar ou de anunciar, como tal, o nome, pseudônimo ou sinal convencional do autor e do intérprete, além de responder por danos morais (*vide* art. 24), está obrigado a divulgar-lhes a identidade da seguinte forma:

> I — tratando-se de empresa de radiodifusão, no mesmo horário em que tiver ocorrido a infração, por três dias consecutivos;
>
> II — tratando-se de publicação gráfica ou fonográfica, mediante inclusão de errata nos exemplares ainda não distribuídos, sem prejuízo da comunicação, com destaque por três vezes consecutivas em jornal de grande circulação dos domicílios do autor, do intérprete e do editor ou produtor;
>
> III — tratando-se de outra forma de utilização, por intermédio da imprensa, na forma a que se refere o inciso anterior".

7. Da responsabilidade penal

A violação de direitos autorais é crime tipificado no art. 184 do Código Penal Brasileiro, *verbis*:

> Art. 184. Violar direitos de autor e os que lhe são conexos:
>
> Pena — detenção, de 3 (três) meses a 1 (um) ano, ou multa.
>
> § 1º Se a violação consistir em reprodução total ou parcial, com intuito de lucro direto ou indireto, por qualquer meio ou processo, de obra intelectual, interpretação, execução ou fonograma, sem autorização expressa do autor, do artista intérprete ou executante, do produtor, conforme o caso, ou de quem os represente:
>
> Pena — reclusão, de 2 (dois) a 4 (quatro) anos, e multa.

§ 2º Na mesma pena do § 1º incorre quem, com o intuito de lucro direto ou indireto, distribui, vende, expõe à venda, aluga, introduz no País, adquire, oculta, tem em depósito, original ou cópia de obra intelectual ou fonograma reproduzido com violação do direito de autor, do direito de artista intérprete ou executante ou do direito do produtor de fonograma, ou, ainda, aluga original ou cópia de obra intelectual ou fonograma, sem a expressa autorização dos titulares dos direitos ou de quem os represente.

§ 3º Se a violação consistir no oferecimento ao público, mediante cabo, fibra ótica, satélite, ondas ou qualquer outro sistema que permita ao usuário realizar a seleção da obra ou produção para recebê-la em um tempo e lugar previamente determinados por quem formula a demanda, com intuito de lucro, direto ou indireto, sem autorização expressa, conforme o caso, do autor, do artista intérprete ou executante, do produtor de fonograma, ou de quem os represente:

Pena — reclusão, de 2 (dois) a 4 (quatro) anos, e multa.

§ 4º O disposto nos §§ 1º, 2º e 3º não se aplica quando se tratar de exceção ou limitação ao direito de autor ou os que lhe são conexos, em conformidade com o previsto na Lei n. 9.610, de 19 de fevereiro de 1998, nem a cópia de obra intelectual ou fonograma, em um só exemplar, para uso privado do copista, sem intuito de lucro direto ou indireto.

No delito tipificado no art. 184 do Código Penal, os principais atingidos são os artistas, cujas obras foram ilegalmente reproduzidas, havendo ofensa apenas a interesses particulares(215). O tipo do art. 184, § 2º, do CP dispõe sobre crime de ação múltipla, no qual basta a realização de uma das condutas descritas para configuração do ilícito.

O dolo do crime em questão exige, para se configurar, o conhecimento de que a mercadoria foi produzida ou reproduzida com violação de direitos autorais e o intuito de lucro(216).

O STJ denegou ordem de *habeas corpus* a réu que vivia da venda de CDs de DVDs pirateados aduzindo que "Os atos praticados pelo paciente não foram negados em qualquer fase da tramitação processual; ao revés, foi dito expressamente que o paciente sobrevive da economia informal e "ganhava sua vida HONESTAMENTE vendendo Cds e DVDs, copiados através de computador"(217). Neste diapasão, os julgadores entenderam que a conduta se enquadra na hipótese prevista no art. 184, § 2º, do Código Penal, não podendo ser afastada a aplicação da norma penal

(215) TRF 4ª R. — QO-ACr 2005.7117.004798-4/RS — 7ª T. — Rel. Des. Fed. Tadaaqui Hirose — DJ 2.10.2007) RJ23-2007-C3.

(216) TRF 4ª R. — ACr 2000.72.06.001509-9 — SC — 7ª T. — Rel. Des. Fed. Maria de Fátima Freitas Labarrère — DJU 12.11.2003 — p. 600.

(217) "CRIMINAL. *HABEAS CORPUS*. VIOLAÇÃO DE DIREITO AUTORAL. COMPRA E VENDA DE CD'S E DVDS PIRATAS". ALEGADA ATIPICIDADE DA CONDUTA. PRINCÍPIO DA ADEQUAÇÃO SOCIAL. INAPLICABILIDADE. INCIDÊNCIA DA NORMA PENAL PREVISTA NO ART. 184, § 2º, DO CÓDIGO PENAL. ORDEM DENEGADA" (STJ, HC 150901/MG, 5ª T., Rel. Min. Gilson Dipp, j. 22.2.2011).

incriminadora, tampouco alegar-se que a conduta é socialmente adequada ou que o costume se sobrepõe à lei, neste caso. E, ainda, há uma relação direta entre a violação de direito autoral e o desestímulo a artistas e empresários, inclusive da indústria fonográfica, e a burla ao pagamento de tributos, acarretando prejuízos de grande monta ao Poder Público e à iniciativa privada e, por vezes, incitando a prática de outros delitos.

CAPÍTULO XV

RESPONSABILIDADE NAS RELAÇÕES DE FAMÍLIA

1. *RESPONSABILIDADE CIVIL NO CASAMENTO E NA UNIÃO ESTÁVEL*

É cediço que o casamento impõe deveres a serem observados pelos cônjuges e que estão previstos no art. 1.566 do Código Civil, *verbis*:

Art. 1566. São deveres de ambos os cônjuges:

I — fidelidade recíproca;

II — vida em comum, no domicílio conjugal;

III — mútua assistência;

IV — sustento, guarda e educação dos filhos;

V — respeito e consideração mútuos.

Os deveres na união estável estão previstos no art. 1.724: "As relações pessoais entre os companheiros obedecerão aos deveres de lealdade, respeito e assistência, e de guarda, sustento e educação dos filhos".

O Enunciado n. 254 do CJF, anterior a EC n. 66, orientava no sentido de que "formulado o pedido de separação judicial com fundamento na culpa (arts. 1.572 e/ou 1.573 e incisos), o juiz poderá decretar a separação do casal diante da constatação da insubsistência da comunhão plena de vida (art. 1.511) — que caracteriza hipótese de 'outros fatos que tornem evidente a impossibilidade da vida em comum' — sem atribuir culpa a nenhum dos cônjuges".

A partir a Emenda Constitucional do Divórcio n. 66, muito se discutiu a respeito do fim da figura da separação judicial em que se discutia a culpa pelo rompimento[218]. Entretanto, a orientação do CJF é no sentido de que "a Emenda Constitucional n. 66/2010 não extinguiu o instituto da separação judicial e extrajudicial", conforme o Enunciado n. 514, o que significa dizer que o Enunciado n. 254 do CJF permanece íntegro em sua orientação.

O TJRJ já decidiu que "se o varão confessou em audiência que teve outro filho fora do casamento e se a prova é de que a mulher, depois que tomou conhecimento disso, passou a frequentar a casa de outro homem, o qual admitiu em Juízo esse fato e com quem foi fotografada de mãos dadas na via pública, isso é motivo suficiente para reconhecer a culpa recíproca pela separação porque assim como o varão não pode invocar o perdão da mulher por não ter ela requerido a separação ao saber da sua relação extraconjugal, o caminho da mulher que descobre a infidelidade do marido não pode ser o de também praticar infidelidade"[219].

Uma interpretação constitucional do direito civil permite a decretação da separação sem a necessidade de declaração de culpa, mantendo-se a integridade moral das partes e atendendo-se ao princípio da dignidade da pessoa humana, mormente quando não há nos autos circunstâncias aptas a indicar a culpa de uma das partes[220]. Nesta linha, o TJMG julgou que, em separação judicial, é reconhecida a responsabilidade de ambos os cônjuges pela "deterioração factual" do casamento, quando não há prova de que só um deles é o responsável pelo fracasso da relação, tornando insuportável a vida em comum. Assim, tratando-se a intimidade de direito constitucional básico, é proibido, ainda que no sigilo da Justiça, o ingresso apurado nas relações em que se edifica para, num verdadeiro procedimento sadomasoquista, apurar-se o culpado[221].

Portanto, *data máxima vênia* as opiniões contrárias, no nosso entendimento e na prática diária da advocacia, temos que não há que se falar mais em separação culposa, mas isso não afasta a responsabilidade civil do cônjuge ou companheiro fundada em ato ilícito nos termos dos arts. 186 c/c 927 do Código, por ofensa aos direitos da personalidade previstos nos arts. 11 a 21 do Código Civil.

---

(218) "Embora o Direito de Família brasileiro contemporâneo esteja se afastando do conceito de culpa, para marcar a falência do casamento, ainda persiste, na Lei do Divórcio e no Código Civil, a noção da separação litigiosa com culpa, sobretudo quando existe a violação de um dos deveres do casamento, não há ruptura da vida em comum por um período superior a um ano consecutivo e de reconstituição impossível (a separação de fato, regulada no art. 5º, § 1º, da Lei n. 6.515/1977). 2. Residindo o réu no Paraguai, há longo tempo (sete anos), sempre retornava à cidade onde reside a autora e comportava-se como marido desta, o que descaracteriza a alegação de separação de fato, constante na Lei do Divórcio" (TJPR — ApCiv 146.739-4 — Londrina — 7ª C.Cív. — Rel. Des. Accácio Cambi — J. 16.12.2003).

(219) TJRJ — AC 13026/2001 — (2001.001.13026) — 16ª C.Cív. — Rel. Des. Miguel Ângelo Barros — J. 11.12.2001.

(220) TJRJ — AC 2007.001.47553 — 9ª C.Cív. — Rel. Des. Carlos Santos de Oliveira — DJe 2.6.2008.

(221) TJMG — AC 1.0024.01.094655-6/001/BH — 4ª C.Cív. — Rel. Almeida Melo — DJMG 21.12.2004.

2. Responsabilidade afetiva na relação paterno-filial e a alienação parental

O motivo de inserirmos este tópico se dá justamente em razão de ser um assunto novo e polêmico, tendo recentemente o STJ se posicionado favoravelmente sobre o tema.

É importante observar, primeiramente, que o abandono afetivo pode ensejar a perda do poder familiar como já julgado naquela Corte[(222)].

Em 2005, em julgamento do abando moral ou afetivo, referida Corte se posicionou contra, porém com voto vencido do ministro Barros Monteiro, *verbis*:

> RESPONSABILIDADE CIVIL. ABANDONO MORAL. REPARAÇÃO. DANOS MORAIS. IMPOSSIBILIDADE.
>
> 1. A indenização por dano moral pressupõe a prática de ato ilícito, não rendendo ensejo à aplicabilidade da norma do art. 159 do Código Civil de 1916 o abandono afetivo, incapaz de reparação pecuniária.
>
> 2. Recurso especial conhecido e provido[(223)].

Já o Min. Barros Monteiro, em seu voto vencido, aduziu que:

> O Tribunal de Alçada de Minas Gerais condenou o réu a pagar 44 mil reais por entender configurado nos autos o dano sofrido pelo autor em sua dignidade, bem como por reconhecer a conduta ilícita do genitor ao deixar de cumprir seu dever familiar de convívio e afeto com o filho, deixando assim de preservar os laços da paternidade. Esses fatos são incontroversos. Penso que daí decorre uma conduta ilícita da parte do genitor que, ao lado do dever de assistência material, tem o dever de dar assistência moral ao filho, de conviver com ele, de acompanhá-lo e de dar-lhe o necessário afeto.
>
> Como se sabe, na norma do art. 159 do Código Civil de 1916, está subentendido o prejuízo de cunho moral, que agora está explícito no Código novo.
>
> Leio o art. 186:
>
> Aquele que por ação ou omissão voluntária, negligência ou imprudência, violar direito ou causar dano a outrem, ainda que exclusivamente moral, comete ato ilícito.

---

(222) "DIREITO CIVIL. PÁTRIO PODER. DESTITUIÇÃO POR ABANDONO AFETIVO. POSSIBILIDADE. ART. 395, INCISO II, DO CÓDIGO CIVIL C/C ART. 22 DO ECA. INTERESSES DO MENOR. PREVALÊNCIA. Caracterizado o abandono efetivo, cancela-se o pátrio poder dos pais biológicos. Inteligência do art. 395, II, do Código Bevilacqua, em conjunto com o art. 22 do Estatuto da Criança e do Adolescente. Se a mãe abandonou o filho, na própria maternidade, não mais o procurando, ela jamais exerceu o pátrio poder" (STJ — REsp. 275568/RJ, 3ª Turma, Rel. Min. Humberto Gomes de Barros, j. 18.5.2004).

(223) STJ — REsp. 757411 — 4ª Turma, Rel. Min. Fernando Gonçalves, j. 29.11.2005.

Creio que é essa a hipótese dos autos. Haveria, sim, uma excludente de responsabilidade se o réu, no caso o progenitor, demonstrasse a ocorrência de força maior, o que me parece não ter sequer sido cogitado no acórdão recorrido. De maneira que, no caso, ocorreram a conduta ilícita, o dano e o nexo de causalidade. O dano resta evidenciado com o sofrimento, com a dor, com o abalo psíquico sofrido pelo autor durante todo esse tempo.

Considero, pois, ser devida a indenização por dano moral no caso, sem cogitar de, eventualmente, ajustar ou não o quantum devido, porque me parece que esse aspecto não é objeto do recurso.

Penso também, que a destituição do poder familiar, que é uma sanção do Direito de Família, não interfere na indenização por dano moral, ou seja, a indenização é devida além dessa outra sanção prevista não só no Estatuto da Criança e do Adolescente, como também no Código Civil anterior e no atual.

Portanto, tal pensamento já vinha sendo construído e agora confirmado pelo Recurso Especial n. 1.159.242/SP e a relatora foi a Ministra Nancy Andrighi, que asseverou que não existem restrições legais à aplicação das regras concernentes à responsabilidade civil e o consequente dever de indenizar e compensar no Direito de Família. Pontificou a ministra que o CUIDADO como valor jurídico objetivo está incorporado no ordenamento jurídico brasileiro não com essa expressão, mas com locuções e termos que manifestam suas diversas desinências, como se observa no art. 227 da Constituição.

Prosseguiu a ministra em seu voto que a comprovação de que a imposição legal de cuidar da prole foi descumprida implica em se reconhecer a ocorrência de ilicitude sob a forma de omissão. Isso porque o *non facere*, que atinge um bem juridicamente tutelado, leia-se, o necessário dever de criação, educação e companhia — de cuidado — importa em vulneração da imposição legal, exsurgindo, daí, a possibilidade de se pleitear compensação por danos morais por abandono psicológico.

Salientou que, apesar das inúmeras hipóteses que minimizam a possibilidade de pleno cuidado de um dos genitores em relação à sua prole, existe um núcleo mínimo de cuidados parentais que, para além do mero cumprimento da lei, garantam aos filhos, ao menos quanto à afetividade, condições para uma adequada formação psicológica e inserção social.

Nesta linha de raciocínio resta reconhecida a possibilidade da reparação civil por danos morais decorrentes do abandono afetivo, devendo os genitores que não ficarem com a guarda do filho exercerem regularmente as visitas e cumprir com seu dever moral de pai ou mãe, e não somente suprir as necessidades materiais por meio do pagamento de pensão. Façam-se presentes na escola, no campeonato de futebol, na competição de natação, nos passeios no parque, cinema, *shows*.

Por fim, cumpre salientar que a alienação parental também gera consequências jurídicas previstas na Lei n. 12.318, de 26 de agosto de 2010, que considera como ato de alienação parental a interferência na formação psicológica da criança ou do adolescente promovida ou induzida por um dos genitores, pelos avós ou pelos que tenham a criança ou adolescente sob a sua autoridade, guarda ou vigilância para que repudie genitor ou que cause prejuízo ao estabelecimento ou à manutenção de vínculos com este.

O legislador, nesta lei, elenca um rol exemplificativo de tal prática, são eles:

I — realizar campanha de desqualificação da conduta do genitor no exercício da paternidade ou maternidade;

II — dificultar o exercício da autoridade parental;

III — dificultar contato de criança ou adolescente com genitor;

IV — dificultar o exercício do direito regulamentado de convivência familiar;

V — omitir deliberadamente a genitor informações pessoais relevantes sobre a criança ou adolescente, inclusive escolares, médicas e alterações de endereço;

VI — apresentar falsa denúncia contra genitor, contra familiares deste ou contra avós, para obstar ou dificultar a convivência deles com a criança ou adolescente;

VII — mudar o domicílio para local distante, sem justificativa, visando a dificultar a convivência da criança ou adolescente com o outro genitor, com familiares deste ou com avós.

Por este prisma, tem-se uma lâmina de dois gumes no que tange a responsabilidade decorrente da falta afeto por parte do genitor e a responsabilidade decorrente da alienação parental[224].

---

(224) Regulamentação de visitas. Genitor apto ao exercício de direito. Criança com mais de oito anos. Pernoite está em condições de prevalecer. Oportunidade para que pai e filho, em ambiente descontraído, possam ampliar a afetividade. Prevalência do interesse do menor. Obstáculo apresentado pela genitora é prejudicial à criança. Individualismo da mãe deve ser afastado de plano. Procedimento da apelante caracteriza alienação parental. Recorrente já propusera ação de destituição de pátrio poder em face do recorrido, porém, sem sucesso. Beligerância entre as partes não pode afetar o relacionamento com o filho. Apelo desprovido. (TJSP — 4ª Câm. D. Priv. — Ap. 990.10.217441-7 v.u. Rel. Des. Natan Zelinschi de Arruda, j. 11.11.2010).

BIBLIOGRAFIA

AMARAL. Francisco. *Direito civil:* introdução. 5. ed. Rio de Janeiro: Renovar, 2003.

ARAÚJO, Vaneska Donato; GABURRI, Fernando; HIRONAKA, Giselda M. F. Novaes (orient.) *et al. Direito civil:* responsabilidade civil. São Paulo: RT, 2008. v. 5.

BITTAR, Carlos Alberto. *Reparação civil por danos morais.* 2. ed. São Paulo: RT, 1994.

CAVALIERI FILHO, Sergio. *Programa de responsabilidade civil.* 7. ed. São Paulo: Atlas, 2007.

DOWER, Nelson Godoy Bassil. *Curso moderno de direito civil:* parte geral. 6. ed. atual. por Lincoln Biela de Souza Vale Junior. São Paulo: Nelpa, 2009. v. 1.

______. *Curso moderno de direito civil:* contratos e responsabilidade civil. 4. ed. atual. por Lincoln Biela de Souza Vale Junior. São Paulo: Nelpa, 2010. v. 3.

FIORILLO, Celso Antonio Pacheco. *Curso de direito ambiental brasileiro.* 10. ed. São Paulo: Saraiva, 2009.

GALIANO, Pablo Stolze; PAMPLONA FILHO, Rodolfo. *Novo curso de direito civil:* responsabilidade civil. 4. ed. São Paulo: Saraiva, 2006. v. III.

GIANCOLI, Brunno Pandori; ARAÚJO JUNIOR, Marco Antonio. *Direito do consumidor:* difusos e coletivos. São Paulo: RT, 2009. v. 16.

GOMES, José Jairo. *Direito civil:* introdução e parte geral. Belo Horizonte: Del Rey, 2006,

GONÇALVES, Carlos Roberto. *Direito civil brasileiro:* parte geral. 4. ed. São Paulo: Saraiva, 2007. v. I.

______. *Direito civil brasileiro:* responsabilidade civil. 4. ed. São Paulo: Saraiva, 2009. v. IV.

______. *Sinopses jurídicas:* direito das obrigações parte especial responsabilidade civil. 5. ed. São Paulo: Saraiva, 2008. v. 6, t. II.

LIGIERA, Wilson Ricardo. *Responsabilidade médica:* diante da recusa de transfusão de sangue. São Paulo: Nelpa, 2009.

MARKY, Thomas. *Curso elementar de direito romano.* 8. ed. São Paulo: Saraiva, 1995.

MELO, Nehemias Domingos. Dano moral coletivo nas relações de consumo. *Juris Síntese CD,* n. 49, set./out. 2004.

MONTENEGRO, Antonio Lindbergh C. *Ressarcimento de danos*: pessoais e materiais. 6. ed. Rio de Janeiro: Lumen Juris, 1999.

PEREIRA, Caio Mário da Silva. *Responsabilidade civil.* 9. ed. Rio de Janeiro: Forense, 1999.

ROSSI, Julio César; ROSSI, Maria Paula Cassone. *Direito civil:* responsabilidade civil. São Paulo: Atlas, 2007.

STOCO, Rui. *Tratado de responsabilidade civil.* 6. ed. São Paulo: RT, 2004.

______. *Tratado de responsabilidade civil.* 11. ed. São Paulo: RT, 2011.

TARTUCE, Flávio. *Direito civil:* direito das obrigações e responsabilidade civil. 5. ed. Rio de Janeiro: Forense; São Paulo: Método, 2010. v. 2.

VALE JUNIOR, Lincoln Biela de Souza. *Estatuto da advocacia e a ética do profissional:* preparando-se para o exame de ordem. São Paulo: Nelpa, 2008.

______. *Estatuto da advocacia e a ética do profissional:* preparando-se para o exame de ordem. São Paulo: LTr, 2010.

______. *Injúria*: honra subjetiva e dano moral. Monografia Pós-graduação — especialização, FAAP, 2002.

______. *Responsabilidade das partes por dano processual:* arts. 16 a 18 do código de processo civil. Monografia Pós-graduação — especialização, Mackenzie, 2004.

ZULIANI, Enio Santarelli. Responsabilidade civil do advogado. *Revista Síntese de Direito Civil e Processual Civil,* n. 21, p. 127, jan./fev. 2003.